大卖

百万发售实操36计

一伊 著

電子工業出版社
Publishing House of Electronics Industry
北京•BEIJING

图书在版编目（CIP）数据

大卖 : 百万发售实操36计 / 一伊著. -- 北京 : 电子工业出版社, 2024. 9. -- ISBN 978-7-121-48525-1

Ⅰ. F274

中国国家版本馆CIP数据核字第2024022DN4号

责任编辑：滕亚帆
文字编辑：孙奇俏
印　　刷：中国电影出版社印刷厂
装　　订：中国电影出版社印刷厂
出版发行：电子工业出版社
　　　　　北京市海淀区万寿路173信箱　　　邮编：100036
开　　本：880×1230　1/32　　印张：7.375　　字数：236千字
版　　次：2024年9月第1版
印　　次：2024年9月第2次印刷
定　　价：78.00元

凡所购买电子工业出版社图书有缺损问题，请向购买书店调换。若书店售缺，请与本社发行部联系，联系及邮购电话：（010）88254888，88258888。

质量投诉请发邮件至 zlts@phei.com.cn，盗版侵权举报请发邮件至 dbqq@phei.com.cn。

本书咨询联系方式：faq@phei.com.cn。

推荐序

一伊要出书了，我真心感到特别高兴。

关于一伊和她的书，我想对读者朋友们说七句话：

一、一伊跟随我学习多年，为我们社群的发展做出了巨大的贡献。

二、在我眼里，她是一个重情重义、气场强大、商业能力出众的奇女子。

三、她特别擅长帮助他人成事，也特别擅长总结商业秘籍。

四、她写的这本《大卖》，可操作性极强，说它价值千金，一点儿都不为过。

五、如果你想大幅提高发售水平，请一定要重视这本书。

六、如果你想打造非常值钱的个人品牌，请一定要重视这本书。

七、对了，如果你能成为她的客户、学员，恭喜你，你非常幸运！

剽悍一只猫

个人品牌顾问、《一年顶十年》作者

推荐语

我和一伊因剽悍一只猫而结缘。2024 年 3 月，一伊为我操盘了我的首场“曾国藩思想大课”，现场效果极其震撼，大课取得圆满成功且广受好评。

在我眼里，一伊是一个超级专业的人，更是一个让人心安的操盘手。现在，她把她的“百万发售”36 计操盘实战心法写到这本书里，企业家、知识 IP、创业者、操盘手都应该好好阅读这本书，在书中获取你要的私域密码、成交艺术、发售系统，实现影响力放大和业绩倍增。

侯小强

起点中文网前董事长、《靠谱》作者

读完一伊的《大卖》，我觉得这本书“大”在格局、“大”在势能，“卖”中又饱含教育、饱含能量。一伊毫无保留地把含金量极高的实操方法分享了出来，值得想要学习如何做发售的伙伴仔细品读。

李海峰

独立投资人、畅销书出品人

发售是目前最高效的商业变现模型之一，能快速聚拢各种资源，实现业绩和影响力的爆发式增长。各行各业都值得用发售逻辑来助力变现。《大卖》这本书细致地讲述了发售的各个环节，很具有实操性，值得创业者深度学习。

肖逸群

星辰教育创始人兼 CEO、恒星联盟发起人

一伊做个人品牌发售操盘不仅仅是帮我卖产品，更重要的，或者说更与众不同的是，她还帮我挖掘个人优势、梳理产品卖点，帮我找到独特的个人价值，指导我用故事打动他人。

在发售时，她有严谨的流程，处处带给客户惊喜，不断为客户创造峰值体验，在不到 18 小时的时间里取得了 20 多万元的发售战绩。

找一伊真安心！

老法师（侯世霞）

盈当下法律服务公司创始人

在这个信息爆炸、内容为王的时代，能够脱颖而出，成就一番事业，不仅需要深厚的专业知识，还需要独到的眼光、精准的策略及不懈的努力。今天，我满怀敬意地向大家推荐一本由我的挚友——业界知名操盘手“一伊”，所著的新书。

这本书是她多年实战经验的结晶，是她帮助无数知识 IP 成功发售、屡创佳绩的核心方法论。

在这本书中，她毫不吝啬地分享了她的成功秘诀，不仅深入剖析了市场趋势，揭示了发售成功的关键奥秘，还通过丰富的案例详细讲解了如何制订发售计划、如何构建营销策略、如何优化用户体验等。这些方法论，不仅是理论上的阐述，还是对她多年实战经验的总结与提炼，对于每一个渴望在知识 IP 领域有所作为的人来说，都是一笔宝贵的财富。

更难能可贵的是，一伊在书中展现出了其对事业的热爱与执着，对团队的信任与支持，以及对成功的渴望与追求。她用自己的行动诠释了什么是真正的操盘手精神——勇于挑战、敢于创新、不断超越自我。这种精神，不仅让她在业界赢得了极高的声誉，还为他人树立了榜样。无论你是正在筹备发售项目的知识 IP，还是对操盘领域充满好奇的读者，相信这本书都能给你带来深刻的启示与帮助。让我们一起跟随一伊的脚步，探索发售的奥秘，开启属于自己的成功之旅。

最后，我要对一伊说：感谢你的慷慨分享，感谢你用文字记录下这些宝贵的经验与方法。愿你的新书能够激励更多人勇敢追梦、成就非凡！

李赛男

赛男演说创始人

一伊身上有作为 IP 发售操盘手的天赋和魅力，这本《大卖》把如何借发售将个人影响力发挥到极致讲得非常透彻，既有精练的理论，又有落地的实操方法，还有高维的人生智慧。读懂这本书，想不成功都难！

林蕾七

《财富哪里来》作者、“阿七和她的小富婆们”知识星球主理人

在拿到这本书并看到书名的瞬间，我的第一感觉是“嗯，这书得一伊写”。如果让我写，可信度就差了那么几分。这不是恭维。

在跟一伊认识近 10 年的时间里，她带给我的感觉是：虽然是女生，却有一股英气！既有胆量又有谋略，做事干脆利落，能大刀阔斧地带领别人向前冲。这种感觉不仅我有，我身边很多认识一伊的人也有。我举办第一次年会，一伊作为操盘手给我的团队开会时，小伙伴私下跟我说：“这么大的场子，真得一伊才能镇得住，不愧是当过高管的人。”看完她的故事我才明白，原来是家风使然。

清代著名书法家何绍基曾在三苏祠留下牌匾“是父是子”，说的是苏洵、苏轼、苏辙父子“一门父子三词客”。我觉得一伊的情况应该是“是父是女”。我想，一个这样的人，写出一本这样的书，应该就是“人书合一”了。首先，她是这样的人，才能写出这样的书；另外，也只有她这样的人，才能把如何实现“大卖”讲清楚。希望你我，都能从中受益。

一休

《画笔记》作者、视觉笔记导师

这本书实用性强，36 个发售策略巧妙合理，一学就会。

这本书实操性强，步骤清晰、工具丰富、落地能用。这本书真实性强，汇聚了作者本人的成长历程和商业案例，可谓“大卖”方法论的最佳背书。我强烈推荐一伊老师的这本《大卖》。

赵冰

《成为讲书人》作者

这本书科学、系统、全面地描述了发售操盘的整个流程，有方法，有工具，对于每一个想要打造个人品牌的人来说，都非常实用！

袁一芳
《如何提升孩子的学习力》作者、英语品牌创始人

在自媒体平台发售产品是一门高深的艺术，而不是简单的技术。要成功完成一个发售项目，你需要选对操盘手和团队，因为操盘手不仅对发售 IP 有深刻的了解，还能结合产品属性、目标用户及市场风向来设计发售流程。

如果你想进行自媒体创业，让产品和服务精准地击中你的目标用户，我们诚意推荐你看看《大卖》这本书。作者总结了自己多年为知名 IP 操盘发售项目的实战经验，系统地给出了一套易懂的方法论，能够指导创业者落地操作。

周剑铨、阿汝娜
《财富自由从 0 到 1》《上瘾式存钱》作者
亚洲知名金融 IP“香港金融侠侣”

一伊老师的发售实战方法不仅在实操上很受用，还在心法上给予了独特的见解。比如“一次颁奖，锁定用户长期关系”等，这些是很多发售者经常忽略的。一伊的发售打法，是人性底层需求和营销干货的结合。这本书值得推荐！

李小月
MCN 机构创始人、小红书商业 IP 导师

一伊是顶级操盘手，她不仅擅长做线上里程碑事件的发售操盘，也擅长线下大活动的操盘。

2022 年 4 月，我和我的团队在她的操盘辅导下发售我的年度社群产品，仅一个月的时间，我就实现了“百万发售”目标，这也是我第一次在线上拿到这么好的发售成绩。

一伊说过一句话让我特别感动，她说：“这个世界上，没有人比你的操盘手更希望你成功。”

想要卖得更贵、卖得更好，一定要找操盘手一伊。

李菁

菁凌研习社创始人、畅销书作家、女性个人品牌商业顾问

一伊是非常厉害的操盘手，我的第一场线下百人闭门会、第一场线上直播大事件，都由一伊操盘。这本书让读者看到操盘手的核心竞争力是什么，读起来非常畅快，是操盘手的“答案之书”。

特立独行的猪先生

企业私域营销顾问、超级商业个体

一伊老师在发售方面特别专业，她的这本书值得每一位知识 IP、创业者认真读三遍。把这本书用在自己的领域，落地实操一定会有好结果！

孔蓓

汇丰银行亚太区前高级副总裁、孔子第 77 代后人

看完一伊老师的故事，我拍案叫绝，这是一个充满勇气与才华的故事。勇气，让她不断向上升突破，成为越来越好的自己；才华，让她不断拿到大成果，在商业中“红尘炼心”，与智慧、财富、成功同行！

高太爷

定位咨询师、商业咨询顾问

一伊是一个超级厉害的商业顾问，很多高段位人士都对她交口称赞。她极致利他，特别会托举他人，并且长期保持精进迭代。她的书里有她一路走来的成事心法，非常值得大家认真品读三遍以上。

思莉校长

个人品牌商业顾问、20+ 高段位 IP 合作操盘手

四年前，我跟一伊老师相识于一场令我震撼的线下大会。当时我感叹于整场大会中丝滑的流程、极致的细节，还有巧妙的发售模式，然后得知幕后操盘手就是一伊老师。后来，我有幸以顾问的身份深度参与她的发售项目，才发现之前看到的不过是冰山一角。一场成功的发售落地背后有太多的门道，她就像一个运筹帷幄的军师，给客户带来一场场大胜仗。正因见证了这些战绩，我给她写了一句 Slogan——IP 变现要落地，操盘必须找一伊。如今，这位军师把自己的实战心法写成了一本“兵法”，将自己真刀真枪的实战经验和盘托出，令人钦佩。每一位想要用发售给自己带来业绩增长、势能增长的朋友，都值得认真阅读这本“兵法”。

秦阳

品牌营销顾问、畅销书作者

《大卖》，自媒体时代创造个人品牌的能量之书。跟做好一部电影的宣发一样，做产品发售时，各个环节都需要翔实的工作。最重要的是，要有一个能让观众主动讲给身边人的故事。

杨瑾

电影《有人赞美聪慧，有人则不》《片警宝音》《我本是高山》导演

认识一伊姐多年，我可以很负责任地说，她好似一位豪迈的侠客——心中有招法，手中有宝剑。她用自己的传奇经历照亮了很多人的道路，不仅有知识 IP、品牌客户，还有很多普通人。强烈建议你与一伊“连接”，这本书将为你打开新世界的大门！

易兴

品牌年轻化顾问、“三十万个大学生”品牌创始人

发售不仅是业绩的突破，还是一次自我发现与成长的旅程。

通过一伊自己的经历和她总结的发售 36 计，可以看出她在活动操盘、产品营销等方面的专业能力极强。在当下这个个人品牌的时代，发售对于个人影响力提升和业绩倍增十分重要，这本书展示了发售从战略部署到策略执行的全流程，对商业价值的内涵有非常深刻的见解。

本书内容富有感染力，充满启发，为读者提供了深度思考和借鉴学习的机会。

游侠

私人财富顾问、独立投资人

一伊在我眼中是极其专业的操盘手、发售长胜将军，跟她学习——铁赚！让她操盘——稳赢！这本《大卖》，强烈建议想要提高发售业绩的你多读几遍。

丽娴

女性商业顾问、江湖人称“商业女诸葛”

发售是当下线上营销的先进武器，掌握了发售就掌握了批量成交的秘密。一伊这本书揭示了发售的底层逻辑，你一定不要错过！

晴山

资深图书策划专家、全民阅读系列标准发起人

自序

亲爱的朋友，你好呀，我是一伊。

我是一名资深发售[1]专家、个人品牌商业顾问，过去五年深耕于发售领域，擅长通过发售助力超级个体及企业实现业绩增长和品牌势能倍增。

2019 年，我在职场上班，每天过着两点一线、按部就班的生活，虽已担任高管职位，带领上百人的团队，但每天面对大量的无效会议、处理不完的员工纠纷，我深深地陷入“精神内耗”。那时我就一直思考：我的人生还有怎样的可能性？

2020 年 3 月，我在剽悍一只猫的公众号看到“招募一名助理，30 万元 / 年”的消息后果断报名。历时一个半月，我经历 10 个关

1　“发售”是指将产品或商品推出市场并开始销售的行为。在本书中，“发售”多指在线上或线下进行产品销售的全流程活动。在后面的内容中，我们将不会刻意强调“发售活动”。

卡（考核），输出近 10 万字，最终从 47 人中脱颖而出，获得近距离跟随剽悍一只猫学习的机会。而后我转入“剽悍通透私塾”，也创造了很多高光时刻——

2021 年 6 月，为艾迪鹅创始人秦阳的私教产品操盘，定价 10 000 元，不到一周时间，营收额达 50 万元；

2021 年 11 月，为“香港金融侠侣”阿汝娜和周剑铨的线下活动操盘，在活动现场转化收益 11 万元，后期对整个项目操盘，共转化收益 108 万元；

2022 年 3 月，为自己策划了一场超级里程碑事件，直播间的销售业绩达到了 51 万元；

2022 年 4 月，为李菁的“菁凌合伙人”产品操盘，营收额达 101 万元；

2021—2022 年，连续两年被剽悍一只猫聘请为剽悍江湖“首席社群礼仪官”，2023—2024 年，连续两年被聘请为剽悍江湖“首席线下活动教练”。

美团创始人曾说：“极度渴望成功，愿付非凡代价。”在这五年时间里，我持续深耕于发售领域，在专业上每天“挥刀 500 下”，不断积累。

此后，我一路高歌，因发售这个技能成为很多牛人的商业顾问、为超过 30 个团队进行了发售培训、帮助客户增加了数千万元业绩、培养了 100 多位发售操盘手……

我在行业内逐渐成名，行业里开始流传着这样一句话：IP 变现要落地，操盘必须找一伊！

很多人问过我：“一伊，为什么你喜欢发售？为什么你喜欢带团队拿结果？”我诚实地面对自己的内心：“比起在台上散发光芒，当我站在 IP[1] 背后，看到他们获得成就时，我甚至比他们更开心。”那一刻，我便深谙自己的使命：用自己的专业、商业能力帮助更多人成功。

我的实战方法论在商业上屡试不爽，成人也达己。于是，我决定把这套“百万发售实操 36 计”分享出来，惠及更多人。

市场出现了两种急需发售操盘手状态：

1. 企业、知识 IP、创业者，急需通过发售实现财富大升级和影响力大升级。

2. 新手入门者、行业操盘手，急需学习更多专业知识，提升个人能力，升级服务案例。

我非常清楚《大卖》这本书和其他书的不同：它内容准确、确有实效，而非侃侃而谈，只为彰显作者的才能；它是实战书、落地方法论，能真实地为读者带来业绩倍增。因此，我深感肩上责任重大，丝毫不敢马虎。大到图书框架，小到书中的每一张表格，我都反复打磨。我希望将自己所有的实战经验，凝练到每一计的文字之中。

动笔之前，我心中只有一个愿望，希望这本书能成为知识 IP 们的发售案头书，成为操盘手实现技能进阶的指南，成为新手入门的参考。

动笔之后，我才真正明白其中不易。为了能输出优质内容，我推掉了很多合作邀约；为了能把实战经验变成方法论，我邀请本书顾问秦阳督促写作进度，开启每天 300 ~ 500 字的打卡写作模式，

1 IP（Intellectual Property），直译为“知识产权”，引申含义为能够凭借自身的吸引力获得流量并进行分发的内容。在本书中，IP 也指致力于个人品牌打造的创业者。

完不成就要发 500 元红包。

写书不仅考验一个人的文字表达能力，还考验一个人的定力。历时五个月，功夫不负有心人，书稿完成。少数知道我要出书的朋友，都不敢相信我会把自己多年沉淀的看家本领毫无保留地分享出来。我的发售操盘费用是五位数以上，私教学员收费也早已破万元，相比之下，花一本书的钱就能获取我的发售方法论，确实令人惊讶。可人生在世，并不是只有钱才会驱动我去做一些事，还有我的大愿足以驱动我去做一些事，一些利他的事。

我是通过发售改变命运的人，因此，我坚信，未来发售会帮助更多企业、超级个体、创业者，以及想要提高销售业绩的人取得更大的成果。

谢谢你此刻能够拿起这本书，走进发售的世界：

1. 书中的 36 计，既可以单独使用，又可以紧密串联，其中的奥秘在于：去实战。

2. 用好 5111^5 模型，会让发售事半功倍。

3. 发售过程中的环节和挑战绝不是靠一张发售地图就能覆盖的，要根据产品、用户、个人品牌调性的不同量身定制。

4. 书中为你准备了 35 个发售实战作业，以及 16 个发售操盘 SOP，这些都源于我通过上百个案例积累的经验。

5. 请务必将这本书读完，挑一些方法，结合自身的实际情况好好实践。如果取得了好成绩，请你一定记得告诉我。

一伊
写给冲击“百万发售”目标的你
2024 年 7 月 31 日于深圳

目录

起势篇

造势篇

借势篇

用势篇

成势篇

此刻，

开启影响力放大、业绩倍增之旅。

起势篇

起势篇

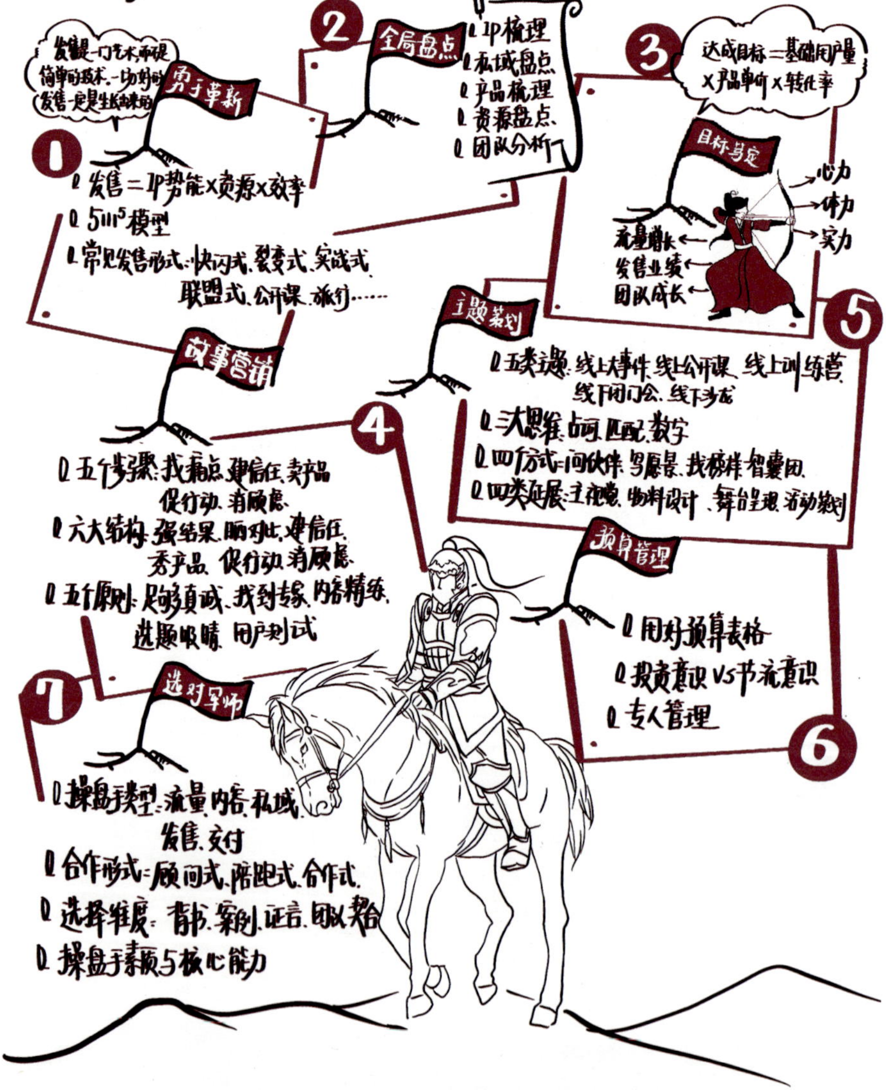
发售是一门艺术，而不是简单的技术。一场好的发售一定是生长出来的
1
勇于革新
发售＝IP势能×资源×效率
5111⁵模型
常见发售形式：快闪式、裂变式、实战式、联盟式、公开课、旅行……
2
全局盘点
IP梳理
私域盘点
产品梳理
资源盘点
团队分析
3
达成目标＝基础用户量×产品单价×转化率
目标导定
心力
体力
实力
流量增长
发售业绩
团队成长
4
故事营销
五个步骤：找痛点、建信任、卖产品、促行动、消顾虑
六大结构：强结果、晒对比、建信任、秀产品、促行动、消顾虑
五个原则：足够真诚、找到专家、内容精练、选题吸睛、用户测试
5
主题策划
五类主题：线上大事件、线上公开课、线上训练营、线下闭门会、线下沙龙
三大思维：占词、匹配、数字
四个方式：问伙伴、写愿景、找榜样、智囊团
四类延展：主视觉、物料设计、舞台呈现、活动策划
6
预算管理
用好预算表格
投资意识VS节流意识
专人管理
7
选对军师
操盘手类型：流量、内容、私域、发售、交付
合作形式：顾问式、陪跑式、合作式
选择维度：背书、案例、证言、团队契合
操盘手素质与核心能力

第1计

勇于革新

发售是一场
自我升级大考

2022 年 3 月 18 日，我为自己操盘了一场里程碑事件。在这个过程中，我经历产品打磨、公开课选题策划、操盘团队搭建、智囊团搭建及 12 小时直播，销售业绩达 51 万元、单场观看量达 1 万余次、打赏金额达 3.18 万元。

经过这次里程碑事件，我获得众多 IP 的邀约，为他们开启线上操盘，一年内累计业绩突破千万元，比如：

2022 年 4 月，李菁单场发售实收 101 万元；

2022 年 6 月，特立独行的猪先生单场发售实收 44.7 万元；

2023 年 6 月，李小月单场发售实收 87 万元；

2022 年 5 月，王子冯知识星球产品发售量达到 1577 份，2023 年 6 月，其知识星球产品发售量达 1492 份。

为什么通过一场发售就能实现影响力放大和业绩倍增？这背后的原理是什么？为什么我们都要重视发售、学会发售？

从上述案例中可以发现：如果想要爆破式积累自己的影响力并取得结果，发售可谓一场革命，是一个集中突围和快速成长的过程。

我又为何把一次发售定义为里程碑事件呢？下面我们逐字拆解。

里：向里深挖，向外伸展。由里到外先找到自己，基于自己最擅长且最能帮助他人的特点，找到自己的优势，研发自己的产品或课程。

程：我们一定会找到人生进程中非常重要的一件事，然后明确自己能将它做到什么程度、自己能进步到什么程度，以及个人影响力能升级到什么程度。剽悍一只猫也常说，对人生一定要敬畏，要有生命的紧迫感。我们的成长速度和进步速度也会决定我们人生的高度。

碑：有力量，有厚度，有口碑。要让自己影响更多人，被更多人看到，达到一个新的高度，同时拥有好的口碑。

每年举办一场大型活动，通过发售去打造自己的里程碑事件，发起饱和式奋斗，这是不断升级、不断打造影响力的超级法门。这意味着，通过发售，我们将打造自己的震撼事件，不仅能实现自我提升，还能取得影响力放大、业绩倍增、能力全方位升级等成果。这也将是我们在人生进程中为自己送上的一份礼物——通过里程碑事件取得让人无法反驳的成果。

操盘里程碑事件是一个能够让人更好地知己、知人、知世、知智的过程，也是我们不断和这个世界、和身边的人连接的机会。

01 一个公式，说清发售核心

发售 =IP 势能 × 资源 × 效率

IP 势能 = 心力 × 流量力 × 内容力 × 团队力 × 产品力 × 营销策略

发售是在短周期内通过营销策略一次引爆流量增长，展示多维度专业形象并取得更高业绩的过程。

通过上述公式可以看出，发售不是一个简单的动作，而是一套系统，通过个人 IP 的势能，借助外部资源和个人效率取得成果，环环相扣。在发售操盘的过程中，要关注项目的各维度数据，匹配对应的策略实现预期的目标。

02 一个模型，秒懂发售逻辑

我们将发售逻辑具象化为“5111^5”模型。

（1）第一个“5”是指在发售过程中必要的5个超级“战队”——传播造势、活动场控、超级体验、增长转化、物料采购。5个战队紧密配合、高效合作。俗话说“一个篱笆三个桩，一个好汉三个帮”，在发售的过程中，搭建一个给力的团队会给我们更足的底气。

（2）第一个“1”是指1个个人品牌故事，能够提升影响力的个人品牌故事也是发售过程中超级素材库最重要的组成部分。

（3）第二个“1”是指1堂公开课。可以准备超有含金量的内容（通常是对个人专业能力的呈现），通过直播、面授、宣讲等形式，与用户迅速建立起信任关系。公开课是开展形式，是验货素材，也是流量渠道。

（4）第三个“1”是指 1 个尖刀产品。人们常困惑于卖什么，卖给哪些人，最终要达成多少销售额。回答这些问题的前提是明确自己的尖刀产品是什么。

（5）第二个“5”是指5个发售步骤。结合个人品牌故事、内容、产品、团队，通过起势、造势、借势、用势、成势这5个步骤来提高团队能力、品牌效能，进而引爆流量，达成预设的目标。

用一句话来总结：通过 5111^5 发售模型，大家可以更快地了解，做发售需要组建一个扛打的团队（包含多个负责不同环节的“战队”），通过起势、造势、借势、用势、成势这 5 个步骤把震撼人心的个人品牌故事通过公开课的形式传播出去，影响和帮助更多人，让他们喜欢你、靠近你，进而购买你的尖刀产品。

03 一张表格，梳理常见发售形式

产品类型	发售形式	呈现方式
图书、知识星球课程、线下大课、线上训练营、一对一陪跑服务等	快闪式发售	通过群快闪、公开课、体验营、短视频分享课等发售
	裂变式发售	通过榜单、游戏等不断裂变，吸引更多用户参与其中，同时设置任务刺激用户达成目标
	实战式发售	通过以教促学的模式，搭建训练营、实战营、共读营，通过教学达成目标
	联盟式发售	通过品牌升级活动、生日月特殊活动、8~12 小时长直播、腾讯会议公开课、线下大课等发售
	公开课发售	通过线上或线下宣讲（如跨年演讲、产品发布会等），集中展示产品的各维度情况，一次性达成发售目标
	旅行发售	全球旅行办公，通过对生活方式、美好向往、个人故事等的传播，发售某类产品

针对不同的发售形式，有不同的呈现方式。总体来说，通过快闪、裂变、实战、联盟、公开课、旅行等形式进行引流，在与用户建立信任后，可以用“低转高”策略筛选出超级用户。

04 一个理念，重新定义发售

发售是一门艺术，而不是简单的技术。在做操盘手这 5 年里，我总结了一个非常重要的心法：一场好的发售一定是生长出来的。这种生长，是在打造个人 IP 的过程中，结合发售的艺术，以及 IP 的品牌调性、产品属性、目标用户及市场风向等实现的。

发售的流程固然重要，但更重要的是与发售过程中的人、事、物、场进行深度连接。对于做操盘这件事，我认为最重要的两个字是“悦”和“玩”。

悦：左边是心，右边是兑换的兑。你需要把心打开，更好地和这个世界进行连接、兑换。做操盘手，需要热爱、享受这份事业；做发售，需要最大限度地敞开心扉，保持欢喜，悦纳一切，真正地把能量接入身体。

玩：左边是王，右边是元。要成为一个专业领域的王，用“元”（金钱）和这个世界更好地结缘，通过发售用营销策略建立产品与用户之间的连接，实现兑换。另一种解释是，做发售，要保持玩家的心态、玩家的思维、玩家的态度。要有爱玩儿的心态，这不是一种随意的心态，而是一种游戏打通关的王者心态。

第2计

全局盘点

五维梳理

知己知彼

从事操盘手这几年，我经常会遇到以下几种情况：

（1）在发售前做了充分的准备，但在成交环节却发现资源不够，比如流量不够精准、用户参与度极低、不知道怎样借势等，最终导致无法继续推进，甚至无疾而终。

（2）在发售前定下不切实际的目标，一开始士气壮大，做事全凭感觉，但最终离目标甚远，整个团队都丧失了信心。

（3）有一些私域经营得不错的IP想做一场发售并取得好结果，却不知道如何开始，甚至害怕失败。

通过以上情况可以发现，出现问题要么是发售者对自己不够了解，要么是团队没有实战经验，再不就是不知道有哪些资源可以为自己所用。所以，发售前需要对资源进行系统的盘点与梳理，对自己的核心优势、良好资源、产品体系及团队能力进行全方位的了解，以更好地增强发售信心且做到知己知彼、百战百胜。

《孙子兵法》有云：

故知胜有五：知可以战与不可以战者胜，识众寡之用者胜，上下同欲者胜，以虞待不虞者胜，将能而君不御者胜。

此五者，知胜之道也。

故曰：知彼知己，百战不殆；不知彼而知己，一胜一负；不知彼不知己，每战必败。

大概意思是，预见胜利有五种方法，能判断仗可以打或者不可以打的，能够胜利；知道敌我双方兵力多少并能根据情况用兵的，能够胜利；全军上下同心协力的，能够胜利；以充分准备应对毫无准备的，能够胜利；将帅有指挥作战的才能而君主又不干预牵制的，能够胜利。

所以，做发售既要了解市场、了解目标用户、了解竞争对手，又要了解自己。在发售前，我们需要对自己的优势（个人IP+私域）、产品、资源、团队等进行系统的盘点和梳理，我将这个过程归纳为五维梳理。

01 IP 梳理

我们需要对自身情况进行梳理，通过核心优势判断自己是否是“稀缺资产”，查看自己的定位是否足够清晰、产品体系是否搭建完善、个人品牌故事是否能很好地展示自己的段位和能量。

02 私域盘点

私域的积累、运营和成果对发售有着至关重要的影响，在私域盘点的过程中，我们会更加重视日常本领的提升，重视私域的维护和运营，通过盘点数据、用户分层、朋友圈运营等方式掌握实际情况，做到知己知彼。

03 产品梳理

产品梳理的过程分为“从0到1”和“从1到100”的过程：有的人刚开始打造个人IP，会用第一款产品作为引爆品；有的人已经有了非常完善的产品体系。不管是从0到1还是从1到100，都可以根据实际情况进行产品梳理，从而更好地根据梳理结果去匹配对应的营销方案。

04 资源盘点

资源盘点包括对人脉、场地、预算、礼物等各方面的盘点，做大事件是一个与外界深度连接的好机会，资源盘点可以厘清与外界共赢的好时机，所以在资源盘点的过程中我们应该不断思考：我们能够和哪些人充分实现共赢？还有哪些资源可以为我们所用？

05 团队分析

不同的团队有不同的风格和状态，需要因人而异、量身定制，为团队匹配不同的发售策略。在发售前要对内部团队和外部团队进行全方位的分析，更好地匹配责任人，为发售做好准备。

下面给出“发售五维梳理表”，列出了五维梳理关注的具体内容，可以填写此表帮助自己更好地完成全局盘点。

维度	核心问题	你的答案
IP 梳理	1. 是否有自己的个人品牌故事？	
	2. 创业初心是什么？	
	3. 想帮助和影响哪些人？	
	4. 凭什么你可以帮助他们？（背书）	
	5. 拥有哪些成功案例？	
	6. 为什么做这个大事件（发售）？	
	7. 是否有自己的品牌色系？	
	8. 授课能力如何？是否有在直播间、腾讯会议独立授课的经验？	
	9. 希望达成的数据和实现的目标是什么？	

续表

维度	核心问题	你的答案
私域盘点	1. 目前私域的用户数是多少？公众号、视频号等平台的粉丝数是多少？	
	2. 是否进行了用户分层？	
	3. 经历过哪些类似的发售大事件？积累下来的成功经验是什么？	
	4. 最近 3 个月积累了多少意向用户？	
	5. 过去是否对自己的朋友圈进行了系统运营？	
产品梳理	1. 产品体系是否足够完善？	
	2. 此次发售产品的卖点是什么？	
	3. 此次发售产品的聚焦人群有哪些？他们的具体特征是什么？	
	4. 为什么你可以做这个产品？你和别人最大的不同是什么？	
	5. 你有哪些非常成功的案例？	
	6. 凭什么用户要即刻下单？（福利政策、需求紧迫性）	
资源盘点	1. 有哪些盟友、学员可以从不同维度来协助你？（连麦、宣发、点赞、打赏等）	
	2. 这次大事件的预算是多少？	
	3. 如果是线下发售，有哪些场地可以用？	
	4. 可以作为本次发售礼物的东西有哪些？	
团队分析	1. 是否有自己的全职团队？	
	2. 团队的核心能力有哪些？是否拥有文案撰写能力、销售能力及运营能力？	
	3. 希望操盘手团队能够在哪些维度帮助自己？	
	4. 有哪些相关经验可以分享？	

大家在填写这张表时一定要找一个安静的环境，拿出一段专注的时间，并对自己足够诚实。盘点表格中的内容不是要证明自己拿到了多少资源、认识了多少贵人，而是要厘清哪些数据、人脉、案例能够为自己所用。

我相信，以上梳理会让我们更系统地了解自己的实际情况，进而对发售有更细致的规划。

扫描二维码，关注公众号“一伊说”。
回复“公约”，获取“操盘手 IP 须知 11 条”。

实战作业

请根据自己的实际情况尝试完成五维梳理。

第3计

目标笃定

信心比黄金更重要

2022 年年初，个人品牌商业顾问李菁找到我，说她想要做一场发售，目标营收额是 50 万元。在对她的流量、私域、产品、资源、团队进行了全方位的调研后，我告诉她：“你可以做到百万发售”。

在交流的过程中，李菁告诉我，因为常年伏案写作，她的颈椎不允许她长时间直播，也不能承受高密度分享，所以她对“百万发售”目标的达成略有担心。

我告诉她：“你在全网拥有 50 多万个粉丝，8 万多个私域流量粉丝，结合你的创业初心和尖刀产品，你应该有足够的信心，相信自己的能量可以影响、帮助更多女性。当你的愿力足够强的时候，全世界都会给你让路。相信我，这个世界上，没有人比你的操盘手更希望你成功。”

正因为这句话，她拥有了更强的底气和信心，定下了“百万发售”的目标并全力以赴。

结合她的实际情况，我们制定了适合她的“长征”策略，最终我们一起取得了营收额达 101 万元的好成绩。

在发售的过程中，什么样的目标才叫有效目标？通过五维梳理，如何根据有效信息评估自己的发售目标呢？参考以下三个维度，能让发售目标更笃定。

01 三角模型，给予发售底气

在发售的过程中，发售者是对目标负责的第一责任人，需要对自己的心力、体力、实力有全面的认识和了解，并能通过各维度拆解，结合需要匹配和调用的资源，更好地实现目标。

（1）心力：是一种对自己、对产品的足够的自信，是一种自我认同的力量。一场好的发售，胜在未战先胜，胜在心力够强，胜在愿力笃定，胜在敢为自己定下真正想要实现的目标并付诸行动，胜在敢于面对真实的人、事、物、场。

（2）体力：发售大事件仿佛一场漫长的马拉松，过程中会充斥着大量的信息、数据、会议、公开课、咨询等，因此需要有旺盛的精力、充沛的体能，能扛住发售期间的大小事情。

（3）实力：可以体现在流量、产品、内容、团队、专业性、交付力等多个方面。可通过“发售五维梳理表”更好地对个人实力进行全方位的了解，从而结合个人独特优势设置专属策略与打法，赢下发售这场硬仗。

02 三个指标，定下笃定目标

如何定义发售是否成功？主要看我们给自己定下了怎样的目标且是否达成目标。

在发售的过程中，三大指标尤其重要。

第一，私域流量的增长，即新增和沉淀了多少个私域用户。

第二，成交目标的实现，即最终的发售业绩。

第三，这场发售是否能够让个人和团队获得快速成长和进步。

与其说发售是一次考试，不如说发售是一个放大镜——让我们通过一次具体事件检视自己的核心能力，同时更好地盘点自身资源，对团队默契程度做到心中有数。所以，在真正发售前，我们需要问问自己：发售目标有哪些？

03 一个公式，倒推目标实现

在发售前，是否可以推演出一个合理的目标，让自己在发售过程中更有信心？答案是可以的。可以参考以下公式。

达成目标 = 基础用户量 × 产品单价 × 转化率

（1）基础用户量：因为此次发售而新增或激发的有效流量，通过营销策略吸引的关注本次活动的目标用户量。

（2）产品单价：产品的单位售价，决定了交付形式、用户画像等，背后涉及职业、年龄、付费能力等因素。

（3）转化率：营销指标，转化量与受众总数的比值，通俗来说就是通过有效的营销策略在目标用户群体中吸引了多大比例的用户购买。

关于提升转化率的方法，我们会在后面的章节重点介绍。这里先关注达成目标的公式。

举例来讲，对于单价为10 000元的产品，如果要达成“百万发售”目标，意味着精准用户量为100人，假设转化率是3%，则意味着基础用户量最少要达到3334人。我们来看一下“发售目标测算表”。

私域维度	学员基数（人）	激活率	基础用户量（人）
	5000	30%	1500
杠杆维度	学员基数（人）	杠杆率	基础用户量（人）
盟友杠杆	20	2000%	400
学员杠杆	50	500%	250
公域杠杆	100 000	1%	1000
产品维度	学员基数（人）	复购率	基础用户量（人）
	150	12%	18
基础用户量：3168 人			
产品单价：10 000 元			
自我评估结果：通过以上数据，对于单价为 10 000 元的产品，若营销策略的转化率为 3%，成功引流的基础用户量按 3000 人计算，可定下发售达成目标为，保底 60 万元，冲刺 90 万元（10 000×3000×3%）。			

上表中的几个重要概念解释如下：

（1）激活率：需要发售者对自己的私域进行系统的评估，结合日常的经营状况进行估算，日常对私域的经营尤其重要。

（2）杠杆率：在杠杆维度中，老学员的推荐、盟友的助力相当于一个转介绍中心，他们邀约的二度人脉能给发售带来很大的支持。

（3）复购率：最好的用户证言，也是定下发售目标前最重要的参考维度之一。

实战作业 请尝试使用“发售目标测算表”对发售业绩进行估算。

第4计

故事营销

好故事里面
隐藏营销密码

2022年3月，我给自己策划了一场发售，售卖一款万元产品。这是我出道来第一次做线上大发售，所售产品也是一款从0到1设计而成的产品。

第一次做发售，又是一款新产品，该如何让用户更好地了解自己，又该如何把产品描述清楚呢?

于是，我发布了一篇“个人品牌故事营销文”，一周时间我就实现了营收额超20万元，这篇文章还被很多IP当作个人品牌故事营销文模板。

所以，要想做一场成功的发售，讲好个人品牌故事是“王炸”般的动作，是发售的超强利器，是和用户建立关系的最好桥梁，是能最快让用户对自己深入了解并产生信任的渠道。

那么，什么样的故事才算是好的个人品牌故事?为什么做发售一定要写个人品牌故事?为什么好的营销文能带来源源不断的销量?个人品牌故事营销文真的有套路和模板吗?

01 参照五个步骤，写出个人品牌故事营销文

好的故事不仅要具备话题性、传播性，还要能让用户了解你、喜欢你、靠近你，甚至想要成为你。换句话说，一个好的故事要给人希望，给人信心。

发售过程中的个人品牌故事营销文，不仅要讲述精彩的个人故事，还要把产品描述清楚，针对使用场景、用户群体、解决哪些问题等系统地梳理。在看完你的个人品牌故事营销文后，用户有了一个下单的理由，这就说明你将个人故事与品牌信息合二为一了。

想要通过一篇个人品牌故事营销文解决用户的实际问题，你可

以按照找痛点、建信任、卖产品、促行动、消顾虑这五个步骤，先梳理出围绕这五方面的核心问题及答案，在此基础上撰写打动人心的个人品牌故事营销文。请参考个人品牌故事营销文梳理表。

步骤	核心问题	答案聚焦层面
1. 找痛点	用户有哪些痛点、需求？	用户诉求、使用场景、消费理由
2. 建信任	我是谁？	标签、背书、取得过哪些出色的成绩
	我的核心能力是什么？	能帮助哪类人解决哪些问题
	凭什么我可以帮到用户？	学员案例、用户证言、实操案例
	我和别人最大的差异是什么？	核心特色、独特优势
3. 卖产品	我的产品是什么？	交付内容、交付形式、交付周期
	该产品可以帮助哪些人，具体带来哪些收获？	用户画像、解决的问题
4. 促行动	为什么值得用户购买？	直击需求、用户证言、入驻名单
	为什么用户要现在下单？	福利、优惠
5. 消顾虑	如何打消用户的疑虑，让他们更有安全感？	负责任的风险承诺、售后服务机制

扫描二维码，关注公众号“一伊说”。
回复“营销文”，获取一伊的个人品牌故事营销文。

02 利用六大结构，梳理超级用户营销故事

超级用户营销故事，是向外界推广产品时建立及加强用户信任的最好的素材。用户的成长、蜕变、取得的成绩等，就是你的活广告，能够更好地展示你的专业度和解决问题的能力。

超级用户最好是取得了巨大成果且具有代表性的人群，他们是超级杠杆，他们的故事能持续宣传和传播，他们在跟你学习前后形成了巨大的反差和对比——

跟你学习前：他在做什么？他的现状如何？他遇到了哪些困境？

跟你学习后：他取得了哪些成绩？他有了哪些改变？他影响了多少人？

超级用户营销故事能够为你的专业和品质背书。那么，如何通过一篇文章呈现超级用户故事呢？你可以参考以下结构。

结构	核心问题	答案聚焦层面
强结果	用户取得了哪些超级成果？	改变、突破、收获、业绩
晒对比	学员的变化有哪些？	前后对比、故事呈现
建信任	我是谁？	标签、背书、取得过哪些出色的成绩
	我的核心能力是什么？	能帮助哪类人解决哪些问题
	凭什么我可以帮到用户？	学员案例、用户证言、实操案例
秀产品	我的产品是什么？	交付内容、交付形式、交付周期
	该产品可以帮助哪些人，具体带来哪些收获？	用户画像、解决的问题
促行动	为什么值得用户购买？	直击需求、用户证言、入驻名单
	为什么用户要现在下单？	福利、优惠
消顾虑	如何打消用户的疑虑，让他们更有安全感？	负责任的风险承诺、售后服务机制

扫描二维码，关注公众号“一伊说”。
回复“营销故事”，获取一伊的超级用户营销故事。

03 坚持五个原则，写出深入人心的营销故事

（1）坚持足够真诚：在故事里，要让用户感受到你的人格魅力、专业程度，让他放心。说你所做，做你所说，不吹嘘、不卖弄、不故弄玄虚。

（2）坚持找到专家：找一个经验丰富、擅长文字输出、对你足够了解的营销文专家，让他通过提问、沟通、采访等形式来了解你，帮你写出具有个人特色的个人品牌故事营销文。我做发售时的营销文是找专家方烟雨写的。

（3）坚持内容精练：有吸引力的个人品牌故事，情节不宜拖沓，结构不宜松散，需经过多次打磨，字数控制在 3000 至 5000 字之间。

（4）坚持选题吸睛：重视选题的打磨和策划是个人品牌故事营销文成功的关键。找到一个吸睛的选题，营销文已经成功了一半。使用反差、对比、结果惊人、引发好奇等关键词点缀选题能够提高文章的点击量。

（5）坚持用户测试：提前找到一批能够提供参考建议的用户进行试读，你可以从他们的感受、购买意愿、付费结果中体会营销文是否成功。

实战作业 根据上面给出的方法，尝试梳理出一篇你的个人品牌故事营销文。

第5计

主题策划

一定要有主场意识

今年是我做操盘手的第五年，每次操盘的主题策划都会带给我很大的启发。主题策划是需要深度挖掘、认真思考的，要与 IP 的风格、内容相匹配，这样才能最大化吸引受众来到活动现场。

IP	领域	活动主题	现场人数
王子冯	私域流量商业顾问	私域创富 7 周年闭门会	300 人
李菁	个人品牌商业顾问	女性之光 · 李菁个人品牌商业闭门会	300 人
释予欣	私人财富顾问	因爱而发 · 1218 财富大会	240 人
李赛男	个人品牌商业顾问	赛男 · 一束光年度盛典	500 人

为什么我们做一场发售要选择一个好的活动主题？

有人说策划一场发售大事件的逻辑和电影发售的逻辑是一样的，主题、文案、嘉宾、周期、海报等，所有的环节都需要经过严密的策划。主题决定了发售的主旨和基调，也意味着打响了发售的第一枪。

01 五类主题，对应不同的应用场景

发售常用的五类主题可参见下表。

主题类别	案例	应用场景
线上大事件	一年顶十年背后的个人财富与影响力升级密码、创富嘉年华、猪先生 2024 年开年分享	年度大事件、开年演讲
线上公开课	如何打造持续盈利的商业闭环、小而美创富 · 菁凌合伙人 4.0 发布会	以引流为目标的公开课
线上训练营	裂变式发售掘金计划、“价值万金”剽悍发售实战营、操盘手全能特训营	短期培训
线下公开课或闭门会	私域创富 7 周年闭门会、“香港金融侠侣”财富破局闭门会、侯小强 · 曾国藩思想大课	线下大型活动

续表

主题类别	案例	应用场景
线下沙龙、见面会、签售会	鹅的朋友们、丽娴富足俱乐部线下沙龙	线下小型活动

02 三大思维，找到超吸睛的主题

1）占词思维

占词思维就是让大家在想到某个词时就会想到你，或者在想到你时就会想到某个词。比如，王子冯是一名私域流量商业顾问，持续进行朋友圈创富 7 年，2020 年，她决定做自己的第一次线下活动，主题是“私域创富 7 周年闭门会”，就是为了抢占“私域”这个关键词。

2）匹配思维

匹配思维意味着主题的选取需要符合你的 IP 品牌调性，和你的价值观、理念、形象、事业息息相关，同时需要让用户产生强感知、能心动、能同频的感觉。比如李菁，她是女性个人品牌商业顾问，她的风格唯美、文艺、温暖，她在一年的三分之一时间里居住在湘西小镇，在三分之二的时间里和爱人全球旅居，很多人看到她都会从她的形象里感受到一种温暖、柔美、光耀的力量。2023 年 10 月，她开启了人生第一次 300 人线下大课，主题为“女性之光”。

3）数字思维

要善于在活动主题中运用数字。比如，2022 年我给自己策划了一场主题为“12 小时生日直播”的线上活动。要知道，连续直播 12 小时对个人体力、直播内容、活动玩法都是很大的挑战，但正因为有这样的挑战，正因为主题中有这样吸睛的数字，很多人便会为之感到好奇，最终我获得了 10 000 人次以上的场观数据，3.18 万元的打赏，51 万元的 GMV。

03 四个方式，让主题策划思路源源不断

看到这里，相信你已经知道了主题策划的重要性，那么在真正做发售时，该如何找到属于自己的主题关键词呢？

1）问伙伴

你可以和自己最亲密的 20 位伙伴沟通，问问他们：“在你们心中，我是怎样的人？我身上有哪些关键词？”比如，由我操盘的李小月的 150 人线下大会，主题为“再赢一次”，这就是和团队伙伴通过 3 小时的“头脑风暴”共创出来的。

2）写愿景

把你的愿景写下来：你最想影响的人、你最想去的地方、你最想做的事及做这件事想要达成的目标……要在愿景里面寻找“超级灵感”。比如，在操盘李赛男的年度盛典时，其愿景是希望带领 10 万名女性打造个人品牌，将自己活成自己的光，所以她的线下活动主题确定为“赛男 · 一束光”，在三天内，她得到了 10 万元赞助，一周内售出 500 张门票。

3）找榜样

剽悍一只猫做了一场主题为“一年顶十年背后的个人财富与影响力升级密码”的活动，吸引了 10 000 名以上的学员参加。他的模式也引发了很多学员的思考，大家拆解流程并实践学习，复刻这样的线下活动主题与模式，取得了很好的效果。

4）智囊团

确定主题前，可以依靠自己的超级智囊团，大家一起“头脑风暴”。比如，2022 年我想做一次发售，在没有产品和主题的情况下，我打了几十个电话逐一请教身边的高手，迅速组建了超级智囊团，最后碰撞出“12 小时生日直播”主题，确定发售“伊往直钱”盟友圈型产品，取得了很大成功。

04 四类延展，让主题呈现无孔不入

确定主题后，如何将主题渗透到整场活动中呢？此时可以围绕主视觉、物料设计、舞台呈现、活动策划这四方面进行延展，将主题深度渗透在各类场景中。

延展类别	呈现方式	目标
主视觉	主色调、主题海报等	通过主题、色调、故事等，让用户形成品牌记忆
物料设计	伴手礼策划、助教服定制、横幅设计等	
舞台呈现	直播间布局、灯光设计、创意环节策划等	
活动策划	内容延展、创始人故事呈现、活动主题故事呈现等	

扫描二维码，关注公众号“一伊说”。
回复“视觉”，获取李菁“女性之光”个人品牌线下商业大课的主视觉延展案例。

实战作业

假如你要做一场图书线下签售会，目标是 100 人到场，请你策划三个主题。欢迎通过微信将你的想法发给一伊。

第6计

预算管理

让每一分钱
都更有价值

2023 年，某 IP 策划了一场 300 人的线下大课，现场营收额达 30 万元。活动结束后，团队在复盘的过程中发现，活动花费占营收额的 70%，其中很大一部分费用支出是可以完全避免的，但是在执行的过程中工作人员却没有意识到。

那么，如何让我们花出去的钱更有价值呢？有哪些钱在发售的过程中是必不可少的投入？

01 一张表格，把钱花在刀刃上

作为创业者，我们要有营收思维，更重要的是，我们要有预算管理思维。

做预算的第一个作用是对未来进行预计、判断和推演，第二个作用是进行控制，通过定期总结、报告和分析，发现预算执行上的偏差和原因，及时调整策略，改进行动方案，或者对资源进行重新调配，使业务重回正常轨道。

在策划大规模活动（里程碑事件）前，我们可以参考“发售预算表”做预算。

分类	费用项目	明细	数量	单价	总费用	责任人
线上	操盘团队					
	营销文					
	宣发文案					
	视觉制作					
	礼物					
	社群运营					
	成交梯队					

续表

分类	费用项目	明细	数量	单价	总费用	责任人
线下	场地					
	差旅					
	餐饮、茶歇					
	搭建及制作					
	伴手礼及物料					
	摄影、摄像					
	化妆					
	速记					
	不可预见项目					
团队	人员工资					
其他						

在策划大事件的过程中，首先要具有广告位思维，通过投广告多维度提升营销力。投广告是一笔长久投资，看重的是长期效益。其次是具有投入产出比思维，通过预算和预估收益算出投入产出比，权衡数据，让自己在短期内就能看到投资回报。所以，在发售前就需要进行规划和盘点——哪些费用需要花，哪些费用可以省。更重要的是，一定要想明白，钱花出去的价值和意义是什么。

02 三三意识，有效提升投入产出比

在预算管理上，需要有三大投资意识和三大节流意识。

1）投资意识

（1）宣发费用投入：在品牌宣传、物料设计等方面的金钱投

入是很有必要的，这能体现品牌调性，提升品牌段位。比如，需要在确定品牌色系、LOGO、宣传语，发布视觉物料，撰写个人品牌故事，拍摄个人品牌宣传片等方面投入费用。

（2）进4出6原则：进4出6是说，如果你赚到了10元钱，自己可以留下4元钱，剩下的6元钱要分出去。学会分钱是一种能力，把赚到的钱适当分出去能更好地团结人心。

（3）专业的事交给专业的人：在自己不擅长的事情上，尽可能花钱请专业的人去做，这会大大地提高效率，节约大量的时间。比如，在发售期间可以找一个靠谱、专业的操盘手来负责。

2）节流意识

（1）不要花钱买流量：不要一味地追求流量、追求虚高数据，事实上，比起泛粉，少量且精准的用户才是重点。

（2）一次投入多次使用：对于能够多次使用的道具、物料、宣传册等，要做好回收和保管工作，做到物尽其用；过去积累的成功案例、优秀营销策略、高质量的视觉宣传片等，都是可以多次使用和投放的。

（3）培养置换思维：用自己现有的资源和对方进行有效置换（比如，场地置换），实现多方共赢，做到低成本创业。

03 一个妙招，做好费用严管控

做好预算后，如何能在一定的控制范围内对费用进行精细化管理呢？最好的办法就是让专人管控。专人专岗做好费用管理和把控，能在有效时间内对投入费用进行最合理的安排，具体要求如下：

（1）有一定的财务意识，能够细化费用支出，做好票据整理。

（2）能够做好多方比价，严格选品。

（3）能够高效配合团队执行具体的财务工作。

在发售中，严格管控费用是确保发售成功的关键因素之一，以下是有效地控制发售成本的具体方法。

（1）明确预算：在发售开始之前，制订一个详细的预算计划，包括所有的预期成本和潜在的额外费用。

（2）成本分解：使用“发售预算表”将总预算分解，这样更容易管理各个项目的费用支出。

（3）采购管理：通过集中采购和批量采购来降低成本，同时与供应商建立良好的关系，以获取更优惠的价格。

（4）风险管理：识别潜在的风险并确定应对策略，以降低不确定性花费。

（5）成本跟踪：由专人管控并跟踪费用支出，确保所有支出都得到批准和记录。

（6）团队培训：确保发售团队了解费用管控的重要性，并知道如何在日常工作中实施成本节约措施。

通过这些方法，你可以更有效地控制发售成本，确保活动在预算范围内完成，同时保证发售质量和效率。

实战作业

请使用“发售预算表”对你的发售预算进行管理。

第7计 选对军师

没有人
比你的操盘手
更希望你成功

当你想要通过一场大事件达成“百万发售”目标时，你是考虑亲力亲为，还是外聘一个操盘手呢？

我们先来做一个测试，请大家尝试回答“百万发售测试表”中的问题。

问题	清楚	不清楚
目标｜是否定下了清晰的发售目标？		
策略｜通过哪些策略可以更好地达成发售目标？		
裂变｜如何快速裂变精准流量？裂变目标是多少人？		
流量｜是否清楚目标用户的人群画像？		
团队｜如何搭建发售团队？		
团队｜团队如何分工？具体环节如何配合？		
主题｜如何策划引人入胜的发售主题？		
产品｜如何设计爆款产品？		
产品｜是否能够清晰罗列发售产品的十大卖点？		
社群｜如何通过社群运营提高用户的在线率？		
传播｜如何用好发售素材以吸引更多的目标用户？		
传播｜如何通过大事件提升个人影响力？		
传播｜如何布局朋友圈、公众号、视频号来达成发售目标？		
内容｜是否能够设计吸睛且叫座的公开课？		
内容｜如何通过一堂课传递专业价值、个人魅力？		
销讲｜如何更好地通过销讲将产品卖爆？		
成交｜是否清楚一对一成交、一对多成交的链路和底层逻辑？		
预案｜如何提前做好风险预案，规避风险？		

以上问题，你能回答出来几个？

如果有超过五个问题你感到不清楚，那么，你就需要请一名操盘手来帮助你。

一场能取得好成绩的发售包括宣发、运营、营销、成交等环节，是环环相扣的，任何一环做得不够严谨，就可能导致整个项目失败。

所以，在发售前，你要对操盘手的类型、合作形式、选择维度、必备素养与核心能力等进行系统的了解。

01 操盘手的类型

操盘手这个概念源于金融行业，指专门为别人进行资产操作的人。知识付费操盘手是目前比较火的职业，并由此衍生出许多细分岗位。

（1）流量操盘手：通过对账号进行策划与运营，并结合一定的打法，帮助 IP 管理账号、引流，在一定时间内积累一定的粉丝量。

（2）内容操盘手：通过内容策划，如短视频脚本策划、公众号运营与打理、线下公开课内容打磨等，在不同的平台进行内容宣发，从而将品牌效能放大，实现粉丝增长。

（3）私域操盘手：负责运营企业微信、企业公众号、企业视频号等，通过链路设计把流量沉淀到私人账号中，实现私域用户积累。

（4）发售操盘手：通过有策划、有运营、有规模的大事件，集中一段时间进行发售，达成影响力放大、业绩倍增的目标。

（5）交付操盘手：主要负责线下大课策划、社群运营，以及日常主题活动的策划与落地。

本书中介绍的在发售中进行操盘的主要是发售操盘手和交付操盘手，核心目标是帮助 IP 提升个人品牌势能，做到业绩倍增。

02 操盘手的合作形式

通常情况下，根据合作形式的不同，操盘手分类如下。

（1）顾问式操盘手：基于专业知识在发售过程中为 IP 与其团

队提供专业咨询，在制定发售战略、搭建核心团队、应对突发事件、设计成交链路等方面提供指导。

（2）陪跑式操盘手：作为教练、指挥官全程参与整个项目，在搭建核心团队、制定发售战略等方面全力支持和辅导发售。

（3）合作式操盘手：负责整个项目的运营与搭建，全力达成发售目标，从流量、内容、团队、营销、成交、运营、交付等方面全流程推进项目，确保项目有效推进，对结果负责。

03 操盘手的选择维度

市场上有那么多操盘手，该如何精准地找到适合自己的操盘手呢？这里总结了选择操盘手的五个维度。

维度	具体参考	举例
专业背书	专业著作、方法论、行业荣誉	《一伊操盘手工作手册》
操盘案例	过往业绩、客户段位	2022 年 4 月，为全网拥有 50 万名粉丝的个人品牌商业顾问李菁做发售，业绩为 101 万元
用户证言	锦旗、感谢信、聘书	连续 3 年被剽悍一只猫聘请为知识星球发售首席增长官
团队情况	规模、经验、全面性	搭建了一支能打胜仗的操盘团队，职责包括宣发、链路设计、社群运营、直播运营、产品成交等，约 20 人
契合程度	沟通同频、做事风格（安全、靠谱、有原则）	IP 与操盘手团队沟通顺畅，彼此投机，互相信任

04 操盘手的必备素质与核心能力

在发售的过程中，操盘手需要具备的才能很多，那么到底哪些素质和能力对于操盘手来说尤为重要呢？

《孙子兵法》中写道：将者，智、信、仁、勇、严也。

智：要有领导头脑和筹划全局的智慧。

信：要有稳重可靠的行事风格，真诚可信。

仁：要有仁爱之心，有所为有所不为。

勇：要有勇敢、敢于担当的品质，体现勇者精神。

严：思维严谨、严于律己、严于执法，不仅对自己严格，对目标、纪律、团队、边界都有敬畏之心。

操盘手能力金字塔

操盘手能力金字塔提示了操盘手需要具备的核心能力。

（1）战略能力：纵观市场，对局势、风向有一定的把控能力，能够根据当下的实际情况确定打法、策略。

（2）领导能力：识人、用人是关键，一个好的操盘手不仅得能带兵打仗，还得能统领全军。

（3）心力赋能：心力极强，能同时为个人 IP 赋能、为团队赋能，提高整个团队的势能。

（4）团队搭建：能根据项目的实际情况匹配对应的岗位人员，推动项目进行。

（5）统筹能力：对项目进度、时间线、财务预算等胸有成竹，能够统筹推进整个项目的关键环节，做好排兵布阵。

（6）应变能力：有灵活的应变能力，有识别和预判风险的能力，能够搭建自己的风险预案库。

（7）沟通能力：具有极强的沟通能力，在发售期间能与 IP、团队、嘉宾、智囊团等多方沟通。

除了以上核心能力，图中还提到服务意识、营销思维和资源整合。作为一名操盘手，如果在具备核心能力的基础上还能够具备服务意识，拥有实用的营销思维，并且能够做好资源整合，那么做发售可谓如虎添翼。

（1）服务意识：这里的服务意识特指操盘手要有一种“上能与君王同坐，下能与乞丐同餐”的气度，能够平等地对待操盘项目中的任何伙伴。

（2）营销思维：能够随时随地把发售过程中的案例、故事利用起来，制定有效的发售策略，及时调整发售方案，促进业绩增长。

（3）资源整合：能够以最快的速度匹配合适的资源，包括人脉、资金、物料等。

扫描二维码，关注公众号“一伊说”。
回复“团队”，获取“一伊操盘团队公约”。

实战作业

请诚实回答“百万发售测试表”中的问题。

造势篇

造势篇
内容为王
公开课
短视频：日常视频、推荐视频、视频切片、大事件视频
素材库：
视觉、听觉、感觉、触觉四个维度
专人专岗、抓时间轴、文案布局
三个法门抓取素材
尖刀产品
评估：产品、渠道、价格、促销，4P理论评估
产品体系：引流、验货、信任、品牌、段位
定价系统：测算、"双11"定律
团队搭建
内部团队：总操盘手、首席执行官、传播造势组、超级体验组、增长转组、物料采购组、活动场控组
外援团队：宣发、增长、运营
智囊团队：经济上、精神上
高效会议
五个步骤：敲定会议议案、提前沟通、设置主持人、录制组同步、落实
常见类型：核心沟通会、增长团队工作沟通会、物料采购会、项目复盘会等
三大技巧：做好调频、记住每个人的名字、充分连接
视觉宣发
五个维度：个人形象、logo符号、品牌色系、字体设计、专属宣传语
两大场景：线上视觉海报、线下视觉物料
三大价值：观赏价值、传播价值、专业价值
礼物设计
五步法：引流、锁客、裂变、成交、转介绍
五感三原则
四个维度：电子、实体、背书、现金
广告位策略
多维筛选
两个公式：流量≠留量
诚意=成本
四级系统：铁杆、稳定、动摇、试用
偏袒系统：更新、更信、更近、更好
四套战术：表格、面试、任务、价格
下单理由
核心卖点：优势、劣势、机会、威胁
五个"确有"：其实、其理、其市、其需、其特
转变视角：找痛点

第8计 内容为王

用内容带来
王炸级影响力

2022 年 4 月，李菁在发售过程中设计了一款定价为 9.9 元的公开课，通过极致打磨公开课的内容引流 5000 人到私域，最终实现“百万发售”。

2022 年 5 月，王子冯开通了她的第一个知识星球专栏，目标用户是个人品牌创业者、微商、保险行业从业者及想要通过私域创富的人。她极其擅长朋友圈文案撰写及私域营销，因此，专栏上线短短一周时间，她便运用大量的宣发素材吸引了 1577 名用户为其 199 元的知识星球专栏付费。

通过以上案例，我们会发现，内容是重要的生产力，要重视内容的生产与整理，这是流量密码，是实现精准转化的核心所在。

（1）如何在一场发售中让用户从更多维度认识我们?

（2）在发售的过程中，我们要启用多方团队协助进行宣发造势，有哪些素材可以为我们所用?

（3）在发售的过程中，通过哪些内容可以更好地体现我们的专业与势能?

（4）在发售的过程中，如何源源不断地产出好的素材?

这里列出三种重要的内容承载形式。

01 公开课

公开课既能引流，也能验货。在发售的过程中，通过公开课能够在最短时间内用有价值的内容与用户建立信任。公开课可以说是扩大传播影响力、实现流量突围的一种原子弹级别的武器。

公开课非常考验主讲人的授课能力、内容呈现方式及与用户的连接程度。公开课不仅是对内容的呈现，也是对主讲人的形象、声音、温度、灵魂的承载。

要想设计好公开课，可以参考“公开课策划清单”。

维度	关注要点	关键动作
选题策划	是否与自己强相关	总结自己的核心能力
	是否与他人强相关	总结他人的需求，厘清公开课能为哪些人解决哪些问题
	是否为市场刚需	考察市场行情
目标规划	购买人数目标	做海报设计、裂变设计
	到场人数目标	做社群运营、一对一触达
用户画像	帮助哪些人解决哪些问题	梳理目标用户，厘清目标用户需求
主持人	核心能力：销讲能力、托举力、氛围营造能力	1. 做慈善，写日记，传出去； 2. 促连接，展段位，大方卖； 3. 埋钩子，促下单，限时间； 4. 备音乐，配视频，给指令
品牌故事	暖场	发红包、放福袋，与用户互动，提高到场率、互动率和转发率
	讲故事	先讲故事后说观点，一定要有观点、有干货、有方法论，进行角色渗透
	统一思想	想清楚为什么做这次活动，找到核心价值观和初心
震撼内容	对症下药	清晰用户画像，针对用户的痛点、痒点、需求来设计内容
	高级趣味	结合具体场景营造满足感，让用户感受到内容有趣、有料、高能、有内涵
	讲清卖点	提前准备好产品的卖点清单（如选择这款产品的十大理由），输出产品的功能点

续表

维度	关注要点	关键动作
信任背书	专业认证、权威认证、大咖证言等	在社群内提前预热，进行分层植入和信任背书
	超级案例	选取直击核心需求的案例，以故事形式输出，找用户站台（如学员连麦等）
	消除顾虑	引导用户直接说出顾虑，承诺零风险以消除其顾虑
成交理由	造势	通过音乐、画面、背景等造势；展示已入驻名单，引发从众效应；实时播报下单情况，持续促单
	性价比	进行价格拆分，提高性价比；进行收益可视化
	赠品福利	进行意向金锁定福利设计、全款锁定福利设计、盟友促单福利设计
	限时	设置福利结束倒计时，营造紧迫感
	限量	体现产品稀缺、名额稀缺
战绩播报	结果主义	制作战报、喜报，进行宣发造势

通过以上表格可以看到，做一场公开课需要系统准备和精心筹划，从选题到目标，从内容到成交，都需要严密布局和细致打磨。具体用什么话术、锁定多少个名额、下单的福利有哪些等，都需要进行提前规划，通过与主持人配合，提高用户到场率、互动率和转发量，将产品信息、福利信息传递给精准用户。

02 短视频

在“文不如图，图不如视频”的今天，好的短视频是引流、传播、造势、提高影响力的利器。很多 IP 不但定期直播，而且在视频拍摄上也做得相当专业。

短视频是内容沉淀和积累的好载体，能够让用户在极短的时间内对 IP 的个人品牌有更深入的了解。

（1）日常视频：日常视频的好处是可以大量吸引基础流量到私域，和用户产生连接。日常视频多维度展示 IP 的价值观、专业性、日常生活等。2020 年，在剽悍一只猫的建议下，我做了“个人品牌 50 讲”专栏和牛人访谈节目，视频号从零开始积累了近万名粉丝，部分爆款视频甚至收获了 130 万次的曝光量。日常视频素材不仅可以在大事件中作为宣发素材被二次传播，还可以用于为视频号沉淀粉丝。

（2）推荐视频：在发售期间邀请一些学员、盟友、导师录制短视频为自己的活动站台，一方面有助于呈现势能，一方面可以收集用户证言。

（3）视频切片：将公开课、大事件直播、线下大课等精彩画面做成视频切片，形成精彩的传播素材。这些素材可以从不同维度呈现 IP 的专业实力、价值观、个人势能等。

（4）大事件视频：将 10 年故事集锦、线下大课集锦、发售集锦等制作成短视频，进行专业剪辑，细致打磨，让用户通过短视频更快地了解 IP 的价值观、个人成长故事等，快速建立彼此间的连接，吸引用户的注意力。

发售期间一定要重视短视频的重要性，录制好的短视频更要借助团队、盟友、学员的力量进行多方宣发，这是能实现极速“破圈”和提升影响力的有效方式。

扫描二维码，关注公众号“一伊说”。
回复“视频”，获取“盟友视频模板”。

03 素材库

在整个发售期间，用于宣发的素材多且广，这些素材能传递信息，让用户感受到你的段位、能量及价值。在发售造势阶段，素材的选取尤其重要。因此，要搭建完善的素材库。

1）四个维度搭建素材库

可围绕视觉、听觉、感觉和触觉四个维度，全方位调动感官，更好地搭建属于自己的素材库。请参考“素材库四维搭建表”。

维度	形式	举例	目标
视觉	海报、短视频、照片	聘书、主题海报、形象照、活动现场照片等	通过视觉维度让用户感受美，抓取其视觉注意力
听觉	短视频、公开课、音乐	集锦视频、活动背景音乐	通过声音的传递让用户感受到能量提升和情绪变化
感觉	故事、形象、文案	营销文、战报、奖杯、用户证言、盟友推荐	通过故事和情感连接让用户更好地感受 IP 的价值观，传递情绪价值
触觉	图书、周边	图书、明信片、手写信等	让用户通过触觉获得真实感

在搭建素材库时，要秉承着“知己知彼”的策略：你的素材给谁看？在哪些时机和环境下会用到这类素材？比如，可以围绕发售大事件的初心、个人 IP 成长故事等撰写营销文；也可以从员工的角度出发写一写产品背后的故事，让用户更了解产品。

2）三个法门抓取素材

要想搭建优秀的素材库，学会抓取有效信息并进行宣发是非常重要的。这是一门技术活儿，要想做好，不妨看看以下三个法门。

（1）专人专岗：安排专人组建宣发团队，找到对发售大事件营销环节较敏感的团队成员，让其抓取关键信息形成素材并进行宣发。该成员应对 IP 的个人风格足够了解，能够根据现场反馈提炼核心内容，比如公开课金句、视频亮点等。

（2）抓时间轴：在发售前的起始阶段，梳理过往的经典故事、案例及用户证言；在发售中，通过背后故事、关键对话等抓取活动的宣发素材，如团队故事、发售初心、盟友证言等；在发售后，从成绩、结果、效应等角度沉淀出素材，比如喜报、战报、致谢名单等。

（3）文案布局：文案是发售过程中最重要的弹药，因此需要经过严格的布局。一般来说，要提前准备好故事型文案、指令型文案、案例型文案。

· 故事型文案：从个人品牌故事等出发，用故事思维布局，像电影发售一样造势，吸引眼球。

· 指令型文案：重点在于激发和促进用户行动，通过痛点描述、引发好奇等促进用户行动。

· 案例型文案：通过成功案例、用户证言、信任背书等塑造榜样，让用户看到成功案例的前后对比、有效改变，从而促进用户行动。

好的文案会带给用户三种价值：结果价值、情绪价值、美学价值。下面我们来看几个案例。

案例一：故事型文案

跟剽悍一只猫学习的收获之连载故事一

昨天和朋友聊天，突然发现自己跟随剽悍一只猫学习已经进入了第 5 个年头，这期间我的突破和改变巨大，后面我会每天跟你分享一个个人成长小故事，今天先分享第一个。

2020 年 3 月，我刚从摸爬滚打了 12 年的职场离开，在剽悍一只猫的公众号发现一篇文章《招募助理一名，学费 30 万元 / 年》。

“什么？做助理还要交学费？”

“30 万元？真的假的？”

抱着试试看的态度，我报名了。

在这个过程中，我经历 10 个关卡（考核），输出近 10 万字，最终从 47 人中脱颖而出。哪怕是助理面试，我都从中学到了很多，那一刻，12 年企业管理经验带给我的思维认知轰然崩塌。

我看到……

欲知后事如何，请听下回分解。

文案拆解：这是我为剽悍一只猫“一年顶十年背后的个人财富与影响力升级密码”年度分享大会写的文案，这样写能让用户像追剧一样追踪我的个人成长，引发用户好奇，让他们参与剽悍一只猫的公开课。

案例二：指令型文案

我强烈推荐一伊的直播间，理由如下。

1. 如果你想“破圈”，她的产品一定适合你，你得去看看。

2. 一伊擅长做线下会议成交，如果你也是搞成交的，这个优秀的同行值得你学习。她非常乐意同行来学习，拥有大格局。

3. 如果你想做视频号直播，但是直播间氛围不行，急需参考借鉴，那么，你一定要扫码预约一伊的直播，一睹她的风采。

我相信，你一定会有巨大的收获。

文案拆解：这条文案是2022年3月在我做“12小时生日直播”大事件期间，王子冯为我写的。从需求导入，下指令“扫码预约，一睹风采”，最终让更多用户来到了我的直播间。

案例三：案例型文案

我是一伊，2019年跟随剽悍一只猫学习，现在我是一名知识IP发售操盘手，操盘众多IP的里程碑事件，累计业绩突破千万元。

我连续两年被剽悍江湖聘请为“首席社群礼仪官”，连续四年参与剽悍江湖的线上、线下大事件，要么担任首席增长官，要么担任线下执行导演。我这一路的成长和突破都和剽悍一只猫相关。

像我这样的学员有很多，比如参与此次活动的49位提问高手，他们都因为跟随剽悍一只猫学习而实现了个人品牌迭代，获得了巨大进步。

学习背后有哪些故事？如果你也渴望获得一年顶十年的突破和成长，请扫码连接，我们等你。

文案拆解：这条文案用在2023年剽悍一只猫年度分享学员海报中，通过塑造学员身份来引发用户的好奇，吸引更多人来到这场活动中。

3）三个技巧用好素材

（1）组建专门的宣发造势团队。该团队一方面负责写文案、抓取素材，一方面作为宣发造势的第一梯队，通过朋友圈、视频号等广告位将宣发素材传播出去。

（2）发售期间随时从素材库中调取需要的素材与案例。按照发售时间轴，像连续剧一样在朋友圈积累和传播素材，让素材高频出现在用户面前，有节奏、有进度、有目标地发布素材。

（3）发售期间一定要指定一个负责人带领宣发团队按照需求匹配素材，通过入群人数、公开课到场率、转化结果等维度判断市场响应情况，和各职能团队做好衔接，能够利用素材带动更多人行动，扩大影响力，引爆势能。

实战作业

请结合素材库自查，你是否搭建了完善的素材库。

第9计

尖刀产品

自我产品化是最好的尖刀产品

我为个人品牌商业顾问李菁服务已有三年时间，她的“女性IP 商学苑”产品已经畅销四年，服务用户累计突破 600 位。在为她服务的这三年里，她的个人品牌每年都会进行大升级，她的产品结合其自身关键词——流量、内容、女性、发售，不断迭代和升级，始终畅销且长销，多次实现“百万发售”，成为真正意义上的“尖刀产品”。

发售前，如何找到属于自己的尖刀产品？畅销且长销的产品具有哪些特质？如何搭建属于自己的产品体系？下面逐一拆解。

01 尖刀产品的评估

如何定义尖刀产品？尖刀产品应该是市场刚需品，基础销量足够大，能够持续畅销。

作为操盘手，在接单之前需要评估发售产品是否属于尖刀产品，是否能够在发售中取得亮眼的战绩。可结合经典营销 4P 理论——产品(Product)、渠道(Place)、价格(Price)、促销(Promotion)进行评估，参考“尖刀产品评估表”。

评估维度	分析
产品	为什么你可以做这款产品？你和别人最大的不同是什么？
	有哪些成功案例？
渠道	产品的目标人群有哪些？他们的特征是什么？
价格	产品的定价是多少？
促销	产品体系中是否有其他产品可以与之组合销售？
	产品的卖点是什么？
	为什么要现在下单？（福利、紧迫性）

通过 4P 理论进行梳理，我们会更清晰地了解产品特性，了解个人 IP 和产品之间的关联。下面我们来看一个例子。

我擅长通过发售提高产品销量、扩大品牌影响力，核心优势是善用视觉、会组团队、能实现资源链接。结合以上优势，我做了一款产品——伊往直钱盟友圈。我把想要做发售操盘的 IP、想要学习操盘的操盘手，以及有一技之长的伙伴集结到一起，这个产品的定价为 10 000 元。通过一次发售，有 60 人付费加入盟友圈。

这个圈子型产品的十大卖点可以总结如下。

（1）创始人是一伊，她身上有独特的优势和资源，比如善用视觉、会组团队、能实现资源链接。

（2）圈子很吸引人，进来的伙伴在这里会更好地实现价值互换。

（3）入圈费用可以直接抵扣后期聘请一伊团队操盘活动的费用。

（4）可以把自己的团队送过来培训、实战，提高团队作战能力，用实战验证市场，用实战提升能力，用实战拿到结果。

（5）参与 1 次线下大课，通过一伊的线下操盘演示明确线下活动应该怎么做，深度连接盟友。

（6）至少 12 次分享，话题紧扣私域、发售、视频号等核心领域。

（7）至少 6 次在社群进行深度连接、资源对接的机会。

（8）2 次一对一咨询机会。

（9）赠送《一伊操盘手工作手册》一本。

（10）现在入圈，买一年服务，多送三个月。

你的产品就是对你个人品牌的最大化呈现，一定要在产品中凸显品牌特色及性价比，请务必重视对尖刀产品的设计与打磨。

02 产品体系的搭建

搭建完整的产品体系可以让发售取得更高收益，实现产品之间的互相引流。比如，李菁在发售“女性 IP 商学苑”产品的过程中，还带来了同一产品体系中的私教产品，营收额近 20 万元。

请参考“产品体系搭建表”。

产品类型	举例	功能与特色
引流产品	图书、公开课、知识星球专栏	价格较低，交付简单，吸引大量用户关注，让用户产生好奇心
验货产品	验货帖、短期训练营	让用户在短时间内通过内容对你有所了解，产生信任
信任产品	功能型训练营、读书会	在一定的交付周期内，让用户通过你交付的产品快速对你产生信任
品牌产品	盟友圈、俱乐部、合伙人、读书会、共建会、线下课	能够凸显专业段位，在一定的交付周期内提高用户黏性，实现高频连接
段位产品	私教、私塾、操盘、年度顾问	能展示高段位，建立长期关系，交付周期较长，收费较高

产品体系是随着个人 IP 的不断成长而迭代、升级的，不要为了卖产品而卖产品，所以我们在进行产品体系设计时需要综合考虑。

（1）最好可以实现产品之间的互相转化，比如通过引流转化让用户购买同体系下的其他信任产品或品牌产品，和用户建立更长久的关系。

（2）不要期待可以永久售卖一款产品，产品和产品体系一定会随着个人 IP 的成长和升级不断优化和迭代。

（3）搭建产品体系的根基是符合 IP 的调性。比如，如果其擅长解决某类专业性问题，就开设功能型训练营；如果其擅长关系连接且拥有丰富的资源，就可经营圈子型产品（盟友圈）。

（4）在发售前要考虑好将哪款产品作为尖刀产品进行发售，这样能够更好地体现品牌的核心特色，吸引更多的用户，产生更大的影响。

（5）产品体系的价格和交付形式决定了商业规模，比如你想达到“年入百万”的目标，那么通过产品价格可以倒推需要达到的用户规模。同时，价格决定了用户段位。

打造个人品牌，最重要的品牌资产是 IP 本人，你自己就是最好的尖刀产品。

03 产品的定价系统

做个人品牌一定要给自己的时间定价，更要能根据自己的时间、精力、团队规模等实际情况做好产品体系的搭建，为产品定价。

产品定价取决于你的专业度、产品交付周期、产品交付质量、团队人员及成本投入等，而基础用户的规模决定了总体营收额。

可通过“营收额测算表”，结合用户数据测算年营收额目标：

产品类型	定价（元）	用户规模（人）	总体营收额（元）
引流产品	9.9	1000	9900
验货产品	99	200	19 800
信任产品	999	100	99 900
品牌产品	9999	50	499 950
段位产品	99 999	10	999 990
合计			1 629 540

（1）通过以上表格，你可以系统推算出总体营收额，可以根据目前自己的定位、公域数据、私域数据、用户画像、产品交付能力等实际情况进行系统思考，进行产品定价测算。

（2）“双 10”定律：产品定价 10 倍递增，产品体系中不同类型产品的定价按大约 10 倍的增长趋势，从引流产品到段位产品，逐步递增。

产品定价可参考 10 倍递增模型，上表中引流产品的定价是 9.9 元，那么验货产品的价格就可以定为 99 元，信任产品 999 元，以此类推。要想实现个人品牌可持续运转，产品体系中各类产品间的转化率应遵循“双 10”定律，超预期交付和用心积累用户口碑是关键。

扫描二维码，关注公众号“一伊说”。
回复“产品”，获取产品体系案例。

实战作业

请完善自己的产品体系并找到尖刀产品。

第10计

团队搭建

好团队就是超级护城河

2023 年，我参与了剽悍一只猫的“一年顶十年背后的个人财富与影响力升级密码”年度分享大事件，操盘团队由 6 名全职团队成员、49 名提问高手及 100 多名运营官组成，达成了 10 000 人报名参与这场年度大会的目标，战绩惊人。

一场超级发售并不是靠一个人或两三个人就可以实现的，而是需要一支高效能、强配合、作战迅猛的操盘团队。根据过去经历的几十场发售的经验总结，一次“百万发售”至少需要三个团队的配合——内部团队、外援团队、智囊团队。

01 内部团队

内部团队一般是发售过程中的指挥中心，对整个发售结果负责，主要包括总操盘手、首席执行官、传播造势组、超级体验组、增长转化组、物料采购组、活动场控组。这个团队对整体发售进度、目标及执行颗粒度进行细化与落地。内部团队分工明确，职责清晰，同时在项目协作过程中保持高效沟通和紧密配合。

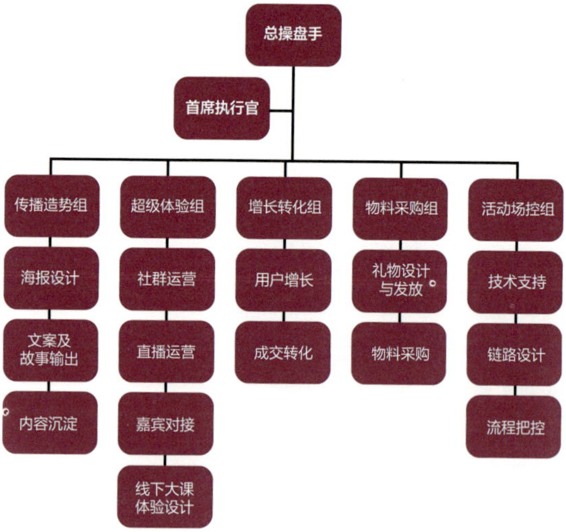

（1）总操盘手：对整个操盘活动负全责，负责和 IP 沟通、带团队进行数据调研、制定战略方针、核准及拆解目标、搭建团队等。

（2）首席执行官：总操盘手的副手，负责战略方针的落地执行，对团队有总指挥权。

（3）传播造势组：主要对发售期间的宣发造势负责，要负责海报设计、文案及故事输出、内容沉淀等工作，使整个发售期间的内容素材得到有效传播，且确保信息准确无误。为了使好的内容得到沉淀，在发售过程中要随时进行整理与存档，内容包括操盘手日记、海报、精彩文案、用户证言、精彩视频等。

（4）超级体验组：打造整场活动的峰值体验，深度连接用户，具体职责分为社群运营、直播运营、嘉宾对接、线下大课体验设计等。社群运营人员负责社群的激活与裂变，运营方案的设计与落地，社群发售细节确认及直播间转播，金句提炼与宣发等，确保社群活跃。直播运营人员要担任直播间小助手，负责直播间互动、直播间转播，以及直播间礼物设计等环节的把控和策划，需要进行流程把控和细节分工，同时要控制风险。嘉宾对接人员负责直播间嘉宾沟通，在社群分享嘉宾的排兵布阵，还要负责选题制定、流程推进等。线下大课体验设计人员负责从用户体验、服务颗粒度等维度让活动落地。

（5）增长转化组：结合发售大事件的整体节奏，对流量增长目标及转化目标负责。前期结合大事件的主题设计用户增长策略，后期负责成交转化策略的执行，包括一对一跟进精准用户、在大事件过程中促进成交等。

（6）物料采购组：负责活动的礼物设计与发放、活动中需要的物资采购与对接等。

（7）活动场控组：负责直播间技术支持，同时在整个项目中根据项目周期做好链路设计和流程把控。

02 外援团队

外援团队一般是指发售过程中与内部团队协同达成目标的外部团队。

（1）宣发团队：在发售的过程中，需要借助大量的朋友圈广告位，最好的方式就是让拥有更多私域流量的用户一起参与发售大事件。宣发团队的主要职责是把本次发售涉及的宣发素材按节奏进行发布。

（2）增长团队：增长团队的核心职责是把目标人群通过引流、推荐、转介绍等形式吸引到活动中。可以通过不同的激励策略更好地裂变用户，从而吸引到更多精准用户。

（3）运营团队：在社群运营和直播间运营的过程中，随着引流后私域流量的增长、公开课数据的提升，可能需要额外的运营团队，分批、按节奏将运营方案落地，从而更好地推进活动。

组建外援团队时，一般会通过打榜、共建、发售实战营等多种形式吸引同频的伙伴积极加入。

03 智囊团队

智囊团队是指在发售期间运用自己的金钱和智慧，在经济上和精神上帮助你达成目标的一类人。

经济上的是指，他愿意用金钱、礼物等来帮助你实现发售目标。

我在剽悍通透私塾里有一个同学，他是独立个人职业投资者，名叫游侠，南京大学金融学硕士。他不仅特别善于处理人际关系，口碑也特别好，他经常会通过金钱投资、实物赞助的形式支持同学，人称“赞助侠”。

精神上的就好比内容顾问、营销顾问、增长顾问、品牌顾问，他们在各自的领域有着极强的专业性和信服力，能够为活动出谋划策。2023年12月，释予欣在“因爱而发 · 1218财富大会”中聘请秦阳为活动品牌顾问，聘请一伊为活动操盘手。

实战作业

如果你要做一场发售，试试看你是否可以为自己搭建作战团队。

第11计

高效会议

凝聚人心 从会议开始

场景：

在发售大事件过程中，群里突然出现一个会议链接，通知开会，结果50%以上的人都提前有安排，参加不了。

在会议过程中，你一言我一语，叽叽喳喳讨论不停，毫无重点。

会议时间太长，不知不觉就过去了两小时，不断有人说“我先去吃个饭”“我先去接孩子”等，于是离开了会议室。

项目已经启动，但各团队各自为战，出现信息不同步、目标不清晰等情况，团队涣散，导致结果惨败。

不知道大家是否也经常遇到会议无主题、会议时间过长、议而不决、会议沟通模式差等情况，在知识IP发售过程中会有常见的项目启动会、每日例会、头脑风暴会、复盘会等，特别是大事件需要庞大的团队参与，涉及大量工作人员和细节，信息的精准传递尤其重要。

所有的会议都是在为项目推进、目标达成、跨团队沟通、信息精准传达等做准备。因此，会议的高效性尤其重要。要想组织一次能够促进有效沟通的高效会议，必须在会前、会中、会后做好充分的准备。

- 会前：确定会议目标、会议人群、会议形式、会议结果。
- 会中：设置主持人，做好流程把控、时间控制、会议记录。
- 会后：做好会议决策，跟进信息，确定行动方案。

01 让会议沟通更高效的五个步骤

要让会议沟通更高效，需要提前进行设计与布局。

第一步：预订会议室。主题、人员、时间等确认后，要预订会议室，提前发布会议通知，确保参会人员明确此信息。

第二步：会议主题、会议形式、思考问题等，要提前与参会人员沟通到位。

第三步：设置会议主持人，主持人需对流程、时间节点、细节等进行把控。

第四步：对于重要且需要录制的会议，要提前做好录制准备工作，做好重点内容梳理并及时将重点内容同步给关键人员。

第五步：重点关注会议中强调的和需要落实的重要事项，做好跟进工作。

02 发售中常见的会议类型

在发售的过程中，高频沟通是每天都需要做的事情，通常在关键环节中会采用不同形式的会议同步信息，确保沟通顺畅，确保各团队目标明确，明确执行动作的落实情况及整个项目的进度与需要协调的事项。

常见的会议类型如下。

项目时间	会议类型	核心内容
发售前	核心沟通会	结合发售目标、团队搭建、发售关键产品等进行探讨
	岗位职责分工会	确定各部门之间的配合、各负责人的主要工作与目标
	项目定向会	拆解项目目标、周期及各项数据等

续表

项目时间	会议类型	核心内容
发售中	增长团队工作沟通会	针对门票设计、票据领取路径、关键资源等进行探讨
	营销策略头脑风暴会	对发售中的卖点和营销策略等进行探讨和确认
	物料采购会	针对发售需要的物资与预算开展讨论
	实战营晨会	根据发售过程中实战团队的需要，组织动员会、培训会
	活动流程与创意策划会	对活动现场的流程、创意策划进行提前沟通与确认，与物料采购组进行对接
发售后	项目拆解会	拆解此次发售的流程，沉淀经验
	项目复盘会	复盘发售中的亮点、策略及机会

不同形式的会议需要有不同的负责人，重点是传达信息，确保会议顺利进行，达成会议目标。

03 三大技巧升华会议价值

下面我们介绍三个能让会议价值得到升华的技巧。

（1）做好调频：在发售过程中，需要调动和统筹各个部门，因此会议开始前的调频非常关键。开场音乐、轻松的互动、简单的自我介绍等都可以派上用场，用以调动每个人的情绪。让大家感到放松、安全是畅所欲言和提升注意力的前提和关键。

（2）记住每个人的名字：如果能轻松叫出每场会议中的参会人员的名字，那么对方会感到自己被看见、被尊重、被需要。这种友好的氛围也是使会议价值得到升华的助力。

（3）充分连接：会议不是一言堂，更不能由主持人或主创人一人从头说到尾，需要给更多人发言的机会。因此可以通过不同的形式，如抽奖、接龙、送礼物等，让在场的人能够充分被调动、被连接。

切记，不要害怕会议中出现争论和冲突，要学会聆听他人的意见，化解冲突。良性的“头脑风暴”、适当的冲突能够升华会议价值，更好地达成发售目标。

实战作业

尝试组织召开一次符合你个人风格的会议。

第12计

视觉宣发

美的视觉
自带转化率

2022 年 3 月，我给自己做了一场里程碑发售大事件，希望通过这次大事件让更多用户看到并选择我的产品，同时形成自己的影响力。我专门聘请了专业的视觉设计团队——艾迪鹅团队针对活动的视觉方案进行多次打磨。

首先，我选择红色为品牌色。因为我自己本身就是一个热情洋溢的人，总能给人带去信心、能量和希望，结合我的发售产品——同样是可以给人信心和力量的内容；同时，我觉得做大事件必须图个喜庆吉祥。

在这个过程中，多张海报打磨、修改了十几次，细致到海报上的字体是什么、嘉宾头像是放左边还是放右边、二维码尺寸是多少……这场发售不仅取得了 51 万元的销售业绩，重点是我的这套海报还被很多人作为模板使用，红色也成为大事件的海报专用色。

01 五个维度，体现品牌视觉调性

在宣发过程中，视觉尤其重要。通过五星模型可以看到，视觉的呈现分为个人形象、LOGO 符号、品牌色系、字体设计及专属宣传语。这些都是个人品牌中的重要资产，视觉呈现能最大限度地展示 IP 的品牌调性、主观审美、个人能量。

（1）个人形象：也就是 IP 的个人形象照，通过个人形象可以给用户传递专业形象。

（2）LOGO 符号：IP 的专属标志。

（3）品牌色系：结合 IP 的事业、想给用户传递的能量，找到一个专属品牌色系。比如，红色代表热情；蓝色代表智慧。

（4）字体设计：一张海报上的字体最好不要超过三种，可以根据个人风格选择所用的字体。比如，IP 本人比较飒爽、干脆利落，那么在选择字体时可以考虑一些笔锋凌厉的样式，让用户有所感知。

（5）专属宣传语：除了要体现个人 IP 的核心价值，最好还能合辙押韵、朗朗上口，容易让人记住。举例，“IP 变现要落地，操盘必须找一伊”。

02 两大场景，深度应用视觉传播

接下来我将介绍两个在发售过程中深度应用视觉传播的场景。

1）线上视觉海报

海报在发售宣发过程中是重中之重，一张小小的海报囊括了各种重要信息，包括 IP 的个人形象、发售主题、宣发文案、活动时间及地点、报名二维码等，不同的海报起到的作用也各不相同。

通过以下表格，让我们一起解锁发售过程中需要用到的海报，厘清各类海报分别具有哪些用途。

海报类型	呈现形式或细分种类	用途
主题海报	短海报，高宽比一般为 16:9，与手机屏幕尺寸相同	明确主题，清晰地传递关键信息

续表

海报类型	呈现形式或细分种类	用途
产品海报	一般为长海报	能够清晰介绍产品的核心功能与具体的交付形式等关键信息
公开课海报	长海报或短海报	展示课程价值、课程内容大纲等，准确吸引目标人群
嘉宾海报	包括入驻海报、连麦海报等	用于向用户展示嘉宾、盟友势能
礼物海报	包括金主海报、礼物清单海报、专属礼物海报等	通过礼物呈现吸引用户入群，实现私域增长
金句海报	短海报，包括主题金句海报、公开课金句海报等	给予用户吸引力，传递能量
倒计时海报	包括按日倒计时海报、按小时倒计时海报等	营造紧迫感
战绩海报	包括入群人数海报、购买喜报、参会人数海报等	用于造势，主要用数字呈现
视频号头图	一般是正方形图片	用于上传至视频号商店，方便用户查看、购买

在发售期间，设计海报需要注意以下几点。

（1）素材整理：整理头像、标签、主题、LOGO、文案、二维码等素材，确保信息齐全、表达清晰、指令精准。

（2）信息统一：海报的主色调、具体内容，应与发售主题相契合，做到和谐统一，海报上的字体不要超过三种。

（3）链路设计：所有海报上的二维码及转化路径应统一，比如引流过程中所有的目标用户均入群，那么在所有海报上就均应呈现群二维码承接流量，入群后再通过礼物海报将用户沉淀到私域。

（4）专人核查：海报应由专人核查，不要出现错别字、乱码等，在海报发布前应进行测试，确保扫码流畅、链路清晰再对外发布。

2）线下视觉物料

线下视觉物料主要应用在沙龙、闭门会、大课等活动现场，主要目的是通过视觉延展呈现品牌特色与调性，更好地搭建场域，同时对品牌进行宣发、传播。常见线下视觉物料及其功能见“线下视觉物料表”。

物料类型	功能	注意事项
签到墙	现场主视觉呈现，作为嘉宾签到、拍照的背景	提前和会场负责人沟通，结合场地实际情况制作适宜的签到墙
易拉宝	用于呈现讲师介绍、产品体系、产品信息等内容	
手持 KT 板	用于拍照打卡、宣传展示	一般尺寸为 40cm × 60cm，结合品牌调性，选择可以传播的超级金句制作 KT 板
桌牌	用于嘉宾分组或作为专属席卡，可起到用户位置指引、促进用户连接的作用	
臂贴	呈现嘉宾或用户的专属名称，贴在手臂上或贴在胸前，作为互相连接的信号	一般尺寸为 6cm × 6cm，或者 8cm × 8cm
话筒标	贴在话筒上，在活动过程中始终进行关键品牌传播，在现场照片中也能有所体现	最好多做几个，保证会场的每个话筒上都有，且话筒的前后都要张贴
主持人手卡	为主持人提示关键信息	一般尺寸为 15cm × 10cm
三折页	用于传递产品和课程信息的宣传册	一般为 A4 纸尺寸，做成三折页的形式

续表

物料类型	功能	注意事项
助教服	助教统一着装，方便识别，具有专属感	结合季节、场景、主题等提前进行规划和定制
相册	实时传递现场情况	提前与摄影师对接，确认照片尺寸。要选择好相册头图和水印，有助于展示品牌调性

线下物料有一定的制作周期，因此最好提前进行规划，至少提前一周确定物料并找好制作公司。所有的物料都需要仔细检查，且和制作公司确认尺寸。需要通过摄影、摄像结果来呈现品牌素材，同时需要宣发组结合素材进行全网宣发，做好传播造势。

扫描二维码，关注公众号“一伊说”。
回复“物料”，获取线下大课物料制作清单，请参考李菁的案例。

03 三大价值，重视视觉传播渠道

海报在宣发造势的过程中极其重要，能呈现 IP 的形象、势能、段位及审美。在发售期间，需要高度重视海报的质量，充分发挥海报的价值。

（1）观赏价值：美就是生产力。海报要具有美感，符合品牌调性，海报的视觉直接代表 IP 的审美和品位，也能体现 IP 吸引用户的段位，因此要重视海报色调的选择及字体的设计等。

（2）传播价值：一张好的海报要具有传播价值，不仅信息简练、目标清晰，还能与用户进行精准沟通，让用户不自觉地进行转发或完成动作指令。

（3）专业价值：海报是产品内容的一部分，要通过海报让用户感受到 IP 的专业能力和内容生产力。

在设计海报时应结合上述价值，认真策划、灵活呈现。可通过朋友圈、视频号、公众号、小红书、抖音等平台传播海报，做好私域引流、势能提升、内容沉淀。

04 视觉笔记，放大专业内容价值

我非常推荐在各个领域使用视觉笔记，视觉笔记是将信息进行提炼整理，并用图像与文字结合的方式呈现的笔记，使用视觉笔记能够做到一图胜千言。特别是在发售过程中，对于公开课、线下大课，如果能有专业的视觉笔记师用图文结合的形式更好地诠释内容，那么不仅能够吸引用户，还能够让用户更好地理解内容。

例如，2022 年 3 月，在我的“12 小时生日直播”大事件中，我们用精美的视觉笔记对整场活动进行了记录，同时发布到小红书、视频号等平台。这一举动不仅成为活动的特色，还吸引了很多用户关注。

扫描二维码，关注公众号“一伊说”。
回复“笔记”，获取“伊往直钱盟友圈一伊生日礼遇12小时直播”精华视觉笔记。

实战作业

选择一张你很喜欢的海报，分析它的亮点有哪些。

第13计

礼物设计

用好礼物是团结用户的关键法门

假设你在发售过程中通过给好处、送礼物发动了 200 人发朋友圈为你宣传，这 200 人每人的朋友圈有 1000 个好友，那么这就意味着你能在 200×1000=200 000 人的朋友圈广告位中进行产品曝光。若这 200 人每人能够为你带来 5 个精准用户，那么你将收获 1000 个精准用户，同时提高产品转化率。

为什么礼物设计很重要？在发售过程中应该如何更好地借助礼物这个超级锦囊来吸引更多的精准用户呢？

01 礼物营销，五步法驱动目标

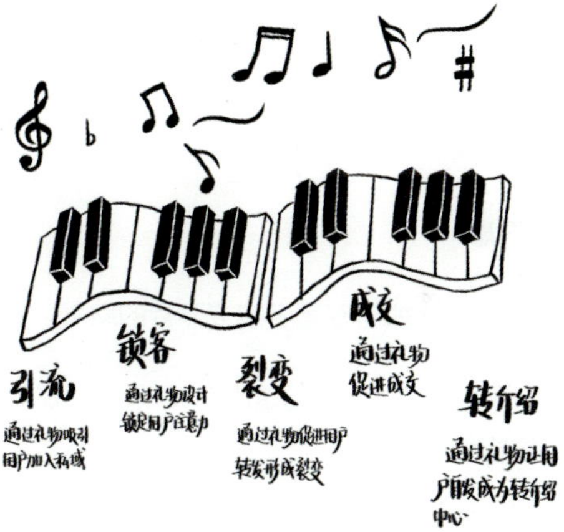

（1）引流：一般会将线上课或电子书等当作礼物，更好地吸引用户加入私域社群。

（2）锁客：通过礼物设计锁定用户注意力，让用户持续关注活动的进度。可设计听课礼、复盘礼等。

（3）裂变：用户转发海报或直播间进行裂变，可以获取礼物，礼物设计重点在于抢占用户的广告位，吸引精准用户进入私域。

（4）成交：设计促单礼，营造限时、限量、稀缺的氛围，给用户一个无法拒绝的下单理由。

（5）转介绍：通过礼物让用户自发成为转介绍中心，除了一般的实物奖励，还可以给予荣誉奖励，比如授予用户“超级推广大使”称号。

在这个环节里，你需要思考的问题是：如何在每一步用不同的礼物更好地吸引用户，同时让用户真正感受到“赚大了”。

02 五感三原则，送出惊喜好礼

礼物的选择、送礼的时机、礼物的价值等，对于发售过程中的礼物设计都是非常重要的。用好礼物不仅能够有效达成目标，还能增强用户黏性。

1）送礼五感

（1）专属感：比如有专属名字或照片的聘书、名家签名书等。

（2）震撼感：比如一次性送出 999 朵花，现场抽取手机、平板电脑等高价礼物。

（3）仪式感：比如在专属场合、专属时机，塑造一个特别的送礼仪式——在某场线下大课中，IP 设计“嫁给自己”环节，现场为每个人送头纱，还有机会抽奖得钻戒。

（4）创意感：比如制作大且长的横幅，制作印有所有用户头像的大旗，在礼物文案中附有打油诗或藏头诗等；也可以设置创意送礼环节，比如让送礼物的帅哥穿着熊猫服跳舞，等等。

（5）稀缺感：比如将课程里暂时没有涉及的劲爆内容当成礼

物送出——在某场线下大课中，我为到场的每个人都绘制了专属头像。

2）送礼三原则

（1）原则一：价值倍增。礼物要么能够吸引精准用户进行裂变实现获客增长，要么能够助力发售业绩增长。

（2）原则二：足够吸睛。礼物应足够吸引用户眼球和注意力。

（3）原则三：超级实用。礼物应满足用户的实际需求，能体现价值。

特别是在做线下大课时，现场礼物也是 IP 属性的一部分，需要结合品牌特色、产品属性及用户群体进行精心的设计。举个例子，2024 年 3 月，侯小强在线下举办“曾国藩思想大课”，活动伴手礼是一个毛毡包、一本书《靠谱》、一个曾国藩日课手绘相框、一个专属笔记本和一支笔。书是侯小强的代表作，他为每本书签名，并为每位学员写下专属祝福语，十分用心。曾国藩日课手绘相框特别有吸引力，和主题很搭且实用性很强，每位学员都倍感欢喜。

03 四个维度，灵活列出礼物清单

不知道具体选择什么礼物时，可以参考以下四个维度。

（1）电子礼物：电子书、线上课程等，这类礼物足够吸睛且方便领取，还能促进产品转化。举个例子，通过“营销兵法 36 计（上）”资料吸引用户入群，人都追求完整性，在读完上册且发现内容对自己有帮助后，一定会想办法和你取得联系，完成任务，获取“营销兵法 36 计（下）”。

（2）实体礼物：针对人群特点而设计的实物。如果你的社群里都是女生，那么可以设计口红、香水等礼物；如果你的社群里宝妈较多，则可以设计辅食机、料理机等礼物。也可以在用户人数或发售业绩达到某个目标后，通过抽奖送出实体礼物，如手机、平板电脑等。

（3）背书礼物：根据用户榜单排名和贡献度大小设计的背书型、同框型礼物，如“超级推广大使”“增长顾问”荣誉证书。送出这类礼物可以更好地团结用户。

（4）现金礼物：直接给予现金，如发红包等。

04 广告位策略，实现多方共赢

如果你想通过发售团结更多盟友，那么你可以在礼物设计上采用“广告位”策略吸引更多铁杆学员、盟友、智囊团等参与发售。

什么是广告位策略？简单来说就是，通过释放信号，吸引盟友进行资源置换，使个人品牌得到曝光；通过礼物赠送、专属金主海报发布、线上或线下口碑传播等策略实现多方共赢。

这样做的好处是，一方面解决了盟友的多维需求，另一方面放大了其他 IP 或盟友的品牌影响力。

实战作业

用心给你喜欢的人挑选一份礼物并送给他。

第14计

多维筛选

关键成交动作
是筛选

前面提到过，2020 年 3 月，我经历层层选拔，从 47 人中脱颖而出，付费 30 万元 / 年，成为剽悍一只猫的助理。一个付费 30 万元的产品，还需要经过层层筛选和多次面试，为什么依然有人坚持购买？

在很多次发售中，你会看到用户晒出喜报——入群人数突破 10 000 人，但到后期发现转化结果糟糕。除了营销策略，你不得不重视另一个问题——提前做好用户筛选。

为什么简单的筛选动作能让用户更精准呢？

01 两个公式，重视用户筛选

发售过程中高业绩的成交密码是多维筛选。不要一味地关注流量，而是要精准筛选用户。通过多维筛选能更好地把握用户质量，提高成功案例出现的概率。

流量 ≠ 留量

在发售的过程中，流量的增长固然重要，但用户质量一定高于用户数量。我们经常会发现，纵然朋友圈有上千名好友、视频号有上万名粉丝，他们喜欢你，但他们不愿意为你付费，这是一个残酷的真相。

诚意 = 成本

想要更好地与用户产生连接，最好的方式就是通过付费进行筛选，用成本来证明诚意。筛选的背后就是让用户更重视机会、更想跨过与你连接的门槛。

02 四级系统，分层搭建私域

有一本引进自日本的畅销书《25% 的回头客创造 75% 的利润》，其中提出“四级客户划分”，即按照重要性由高到低的顺序，将客户分为铁杆客户、稳定客户、游离客户、试用客户，并根据客户等级打造了有效且灵活的偏袒系统。

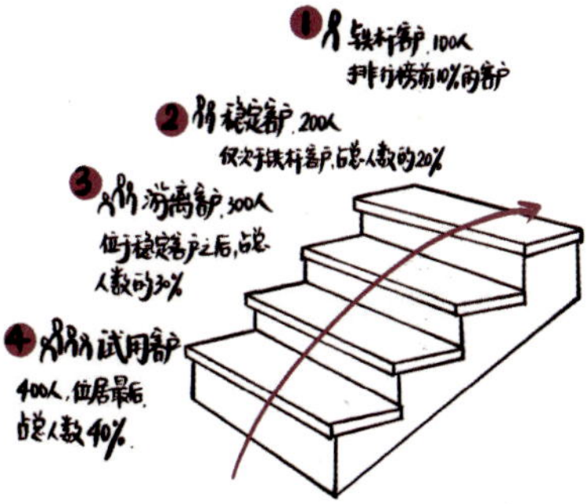

除了要在日常生活中用心经营私域，你也要参考上述案例做好用户分级，这是重中之重。比如在微信好友名单中，可以通过打标签来对用户进行分级管理。

分级管理	描述	关键举措
明星用户	贵人、盟友及老师等	重点关注并维护好长期关系
关键用户	付费较多且长期跟随的用户、认可度高的用户	打造成功案例
付费用户	有过一次付费连接或建立过信任关系的用户	提高升单率
意向用户	有过短暂的接触或对产品有兴趣的用户	精准营销

在发售的过程中，你需要对私域用户进行系统盘点和梳理，这样做有以下好处。

· 明确用户画像。

· 清晰地知道用户从哪里来。

· 厘清应该重点关注的用户和指标，比如提高关键用户的复购率，提高付费用户的升单率，通过促单筛选精准用户等。

扫描二维码，关注公众号“一伊说”。
回复“资源”，获取“分层管理资源梳理表”。

03 越近越喜，打造偏袒系统

凯文·凯利曾在《技术元素》一书里面提过一个著名的理论——1000个铁杆粉丝理论。内容大致是，如果你拥有1000个铁杆粉丝，那么无论你发布什么作品（产品），他们都愿意花一天工资来买单。这样，你就可以安心创作，不用担心生活问题。

这里的铁杆粉丝就是我们的最大支持者，是与我们有情感连接的人或组织，他们愿意主动为我们的作品（产品）付费。面对那些更愿意靠近我们的人，应该打造偏袒系统，而且要“用心偏袒”他们。

那么如何打造偏袒系统呢？

一方面要在产品体系上区分价格，另一方面要针对不同的用户群体在产品交付模式上进行一定的区分。对明星用户、关键用户一定要更加偏袒。

（1）更新：IP要有领跑者思维，不断提升自己，将更新的玩法、更新的机会给到离你更近的人。

（2）更信：通过实战取得更好的结果，验证理论，让用户更有信心，更信任你并为你传播美名。

（3）更近：多创造与用户近距离接触的机会，通过多次触达和连接，让用户与你关系更近。

（4）更好：通过购买你的产品，让每个用户都能变得越来越好，不仅个人状态越来越好，在商业上也能取得更好的结果。

04 四套战术，筛选目标用户

筛选目标用户时，可以参考以下核心战术。

（1）表格筛选：根据产品的实际情况设计问卷，通过一系列问题更好地了解用户背景、用户需求等，在发售前让用户填写表格有助于用户更好地梳理自身的情况，用户因为付出了时间和精力也能更认真地对待这件事。

（2）面试筛选：通过面试（无论线上或线下）更能感受到一个人的精神面貌、形象气质、对产品的重视程度等。当双方面对面真诚沟通后，能够确认用户是否与我们思维同频、成事意愿是否足够强烈。

（3）任务筛选：通过设置任务让用户完成某个动作或某项要求，跨过付费能力门槛。除了付出金钱，足够坚定的行动力也能体现诚意。通过设置任务可以筛选意愿足够强烈的精准用户。

（4）价格筛选：定价策略本身就是一种筛选机制，比如，高价策略会自动筛掉没有付费能力的人，不同的价位会吸引不同的意向用户，具体取决于产品定位、用户画像及产品交付模式。

实战作业

尝试完成你的“分层管理资源梳理表”。

第15计

下单理由

创造独特的
销售主张

让用户找到下单理由，前提是找到产品的核心买点和核心卖点。核心卖点是强有力的下单理由，几乎让用户无法拒绝。那么，如何找到核心卖点呢？

01 用对 SWOT 分析，找到核心卖点

SWOT 分析也称波士顿分析、态势分析，是一种常用的策略性分析工具，用于评估项目、组织或个人的优势、劣势、机会和威胁。它能帮助识别内部和外部环境的关键因素，为制定战略和做出决策提供指导。SWOT 模型由 S（Strengths，优势）、W（Weaknesses，劣势）、O（Opportunities，机会）、T（Threats，威胁）四要素构成。

在产品发售前，如何用 SWOT 分析更准确地找到产品的核心卖点呢？

1）优势

· 产品是否具有明确的交付模式？（关注产品的交付内容、交付时间周期、交付形式等）

· 产品是否拥有丰富的内部资源？（关注专业人士资源、明星用户资源、盟友资源等）

· 产品是否具有忠诚的客户资源？（关注铁杆粉丝等）

· 产品的独特性体现在哪里？（关注产品证书、独门绝技等）

2）劣势

· 产品是否受限于某些因素，如资金、技术、人员？

· 在产品生产的过程中，是否有需要提高的方面?

· 产品的竞品在哪些方面做得更好?

3）机会

· 产品在市场上是否是刚需品?

· 产品是否符合市场规律或抓住了风口?

· 产品有哪些优势可以抓住市场机会?

4）威胁

· 有没有什么制度改变会影响产品发售?

· 产品是否能够做到长时间满足顾客需求?

02 五个“确有”，梳理核心卖点

在寻求产品的卖点时有很多切入点，比如从产品的核心功能、创始人、交付清单、入驻名单、定价等方面入手。如果关注更高层次的内容，还可以从情感、梦想、信任等角度挖掘产品卖点。

卖点不是随意找的，而是要遵循一定的准则进行梳理和提炼的。具体来说，可以遵循产品过硬、专业靠谱、市场需要、用户刚需、特点明晰等准则梳理产品卖点，做到五个“确有”。

（1）确有其实：产品和服务卖点要建立在事实基础上，不可夸大其词。语言尺度要拿捏好，“太实在”的卖点可能不利于销售，“太不实在”的卖点则容易有欺骗消费者之嫌。

（2）确有其理：向用户展示产品的时候，他们心里一定会有大大的问号——凭什么这样讲？这就要求在卖点背后形成一套强有力的说服体系，让产品的展示说辞可信、易懂。

（3）确有其市：卖点对应的是大众市场，太狭窄的小众市场会降低成交量，缩小成交空间。因此，卖点的针对人群要尽可能广泛。

（4）确有其需：目标用户身上要有实实在在的需求，这种需求可能是实际需求，也可能是潜在需求。

（5）确有其特：卖点在一定程度上体现了产品和服务的差异化竞争力，因此要区别于竞品的特点，要与众不同。

03 转变视角，让卖点无孔不入

卖点应该是尖刀产品所具有的前所未有、别出心裁、与众不同的特点。这些特点，一方面是产品与生俱来的，另一方面是通过营销团队的想象、策划、经营打磨出来的。产品的卖点有很多，但每个产品都应该有一个核心卖点。那么，如何找到这个核心卖点呢？我们不妨换位思考，站在用户的立场想一想。

“找痛点”是一种彻底的用户思维——真正站在用户的角度和立场，发现他们背后的真实需求，再配合销售策略打动用户。很多时候，我们是谁并不重要，重要的是用户认为我们是谁，我们能给他们带去什么。举个例子，感冒药是常见的药品，每个消费者几乎都会用到。传统的感冒药有什么痛点？吃了容易犯困，影响工作和其他事务。基于这个痛点，“白加黑”提炼出了自己的核心卖点“白天吃白片不瞌睡，晚上吃黑片睡得香”，有效解决了用户服感冒药容易犯困的痛点。

用户在做出每一次购买行为前对于所购产品的品质、价位、品牌、功能都有一个心理预期，有自己的设想和标准。这个预期就是买点。

只有当尖刀产品的品牌、价格、服务、付款方式、交付模式等诸多方面都能达到消费者的预期时，买点才会出现。对买点的关注，实质上就是站在用户的立场上看问题，是以用户为中心的思想的体现，也是基于用户痛点找核心卖点的升级做法。事实上，用户的痛点和需求背后一定对应着用户的买点。

实战作业 请列出你的尖刀产品的十大卖点和十大买点。

借势篇

借势篇
超级杠杆
团队杠杆：人人有事干、人人有收获、人人被关照
盟友杠杆：朋友圈互推、直播间互动、社群内分享
工具杠杆：视频号、腾讯会议、线上社群、线下活动
内容杠杆：营销文、验货帖、金句集锦、用户证言……
确保微信生态链路通畅，在发售时才能更好地激活、触达目标用户。
链路设计
四种设计：
活码+礼物
企业微信+标签
品牌故事+视频号+礼物
收款码+小助手
五个招：
朋友圈文案
一对一邀约
一对多邀约
群快闪活动
去卖一次，一次突破，终身突破。
实战策略
魔法棒：对标、去买、实战
阵营：实战方案、实战细节、实战技能、实战边界
颁奖：集体亮相、给予奖金、晋级上榜
重视直播
三个技巧：仪式感、针对性、胜利感
三个要点：爽点、痛点、成交点
三个阶段：直播前、直播中、直播后
关注人，是社群运营的核心
升级认知
创新玩法
促进连接
给予关注
社群运营
有节奏
有秩序
有策略
三大原则：预案、明暗、允许
一个关键：案例
四个方法：风险清单、备有预案、提前测试、正面应对
风险把控
神级战友，他们认可你、喜欢你、体验过你的产品，愿意用自己的实力、资源帮助你成事
神托助力
主持人的托举
高人的托举
高手的托举
盟友的托举
用户的托举
无用之用
三力模型：动体、动脑、动心
三大策略：神曲、音控、调取
三个侧面：游戏、繁星、涂鸦

第16计 链路设计

打通云与用户之间的连接管道

本节我们来聊聊链路设计。链路设计是指，通过一定的策略把目标用户锁定到私域，通过在私域发布内容与用户建立信任，进而与之产生深度连接。

在操盘的过程中，很多人会遇到以下问题：

· 拥有公域流量，不知道如何引流至私域。

· 有很多优质用户，不知道怎样可以与用户产生深度连接。

· 在发售期间，不知道通过哪些技巧更精准地触达目标用户。

事实上，链路设计要用对策略，这样才能提高用户关注度，从而有效撬动转化率。

01 一张图，让你重视链路设计

扫描二维码，关注公众号“一伊说”。
回复“链路”，获取“链路设计·私域闭环图”。

以某 IP 的私域为例，她沉淀了 8 万名私域用户，光个人微信号就有 11 个，可见她在日常工作中多么重视私域积累。她所有私域的运营都是围绕微信生态建立的，基于此，她实现了多个“百万发售”目标。

在发售前，极有必要对自己的私域链路进行核查，思考公众号、视频号、企业微信、个人微信之间是否有联动。

（1）要在视频号、公众号等多平台做好内容的输出和呈现。用户对内容产生兴趣，自然希望可以与你产生连接。在公域平台应呈现企业微信、个人微信的流量入口，便于将用户引流至私域。

（2）在朋友圈呈现专业、背书、故事、案例等不同维度的内容，让用户感知你是一个有专业、有口碑、有温度、有情感的人。

（3）用不同的社群容纳不同的用户群体。比如成立读书社群、直播互动社群、深度思考社群等免费社群，聚焦精准用户；开设专业课程社群、俱乐部等付费社群，长期向用户输出价值。

（4）重视付费端口的设置与安全。小程序、企业微信、小鹅通、小商店、腾讯会议等都可以实现付费端口功能，一定要提前做好测试。

只有确保微信生态链路通畅，在发售时才能更好地激活、触达目标用户。

02 四种链路设计，总有一种适合你

在日常经营私域时，获取流量主要有三个途径。

第一个途径：从公域引流到私域。比如通过视频号、抖音、小红书、公众号等平台上的内容将用户沉淀到企业微信、个人微信中。

第二个途径：裂变。通过裂变扩大影响力，可搭建专门的裂变团队，通过盟友直播连麦、朋友圈互推等形式把更多用户吸引到企业微信、个人微信中。

第三个途径：付费进入优质社群。长期在社群里做贡献，形成个人影响力，树立自己的个人品牌形象，长此以往，你将获得源源不断的高质量用户。

在发售期间，出色的链路设计是获取目标用户的关键。

（1）链路设计一：所有对外宣发的海报上的二维码全部为群活码，入群后赠送一份礼物，把用户沉淀到企业微信或个人微信中。

（2）链路设计二：所有对外宣发的海报上的二维码全部为微信二维码，先通过表单获取用户信息，然后通过打标签的方式实现用户分层管理，在发售开始前一周左右统一邀请用户入群。

（3）链路设计三：根据发售周期设计链路。发售第一周对外宣发的海报二维码为个人品牌故事营销文二维码，在营销文中植入活动海报把目标用户引流到社群。发售第二周，通过联动社群运营提高视频号直播预约参与度，把用户锁定到视频号平台。发售第三周，用送礼物的方式把重点用户沉淀到私域。

（4）链路设计四：直接在产品海报上放置收款二维码，付费后添加课程小助手微信，由小助手统一邀请入群。

所有的链路都是按照引流、锁客、裂变、成交、转介绍的步骤设计的，通过内容使用户喜欢你、靠近你、信任你、支持你。

03 支个招，让私域链路正向循环

朋友圈是个人品牌的主要展示阵地，因此平时就需要我们细心经营，做好多维度展示。在发售期间要做好宣发素材的高频输出、个人品牌势能的高频展示、产品亮点的高频呈现，做到多次精准触达目标用户，引发用户好奇，挖掘用户需求，促成用户连接。

1）朋友圈文案，高频触达

2021 年 2 月，我在朋友圈发起了名为“一伊个人品牌私房课”的课程，宣传语为“5 天掌握个人品牌精髓”，付费 1 元就可以听课，但前提是要填写表格参加用户筛选。

为了保证朋友圈的点开率和触达率，我选择每小时发布一次文案，在发布新文案时删除上一条文案，确保在任意时间段打开朋友圈的人总有机会看到这条消息。可以设置分组可见，精准触达目标用户。定价 1 元是为了让用户花最少的钱在最短的时间内得到最大的收获。

三天时间，20 人填表报名参加课程，课程中赠送一次一对一咨询，课后约 50% 的学员成为更高阶的付费学员。

2）一对一邀约，精准触达

前面我们讲过用户分层管理，事实上，一对一邀约的意思就是通过邀请函、邀约文案，将邀约信息精准投递给意向用户，让意向用户对你及你的产品感到好奇，进而与你产生连接。

举个例子，2024 年 4 月，我为李小月操盘“再赢一次 · 小红书 IP 增值大课”线下活动时，通过一条文案在三天内邀请到 35 人。这里的重点是文案一定要定制化、专属化、私有化，要有针对性、真实性、真诚性。用户看到邀请函，就好像你在他对面，微笑向他邀约。

这里有一则温馨提示：切记，不要轻易使用群发功能，将一条模板消息粗暴地甩给用户，这会降低私域用户对你的信任。

扫描二维码，关注公众号“一伊说”。
回复“邀约”，获取“邀约文案宝典”。

3）一对多邀约，限时限量

一对多邀约适合用在自有社群中，或者与盟友社群进行联动，通过群活动释放信号，再通过群接龙的方式完成用户激活。

2022 年 11 月，我在“操盘手全能特训营”招募学员时在几个社群中进行了一次群分享，同时在几位超级盟友的社群中搞联动，也做了一次分享，一周时间内招募了 20 人，特训营如期开营。

在分享前要确认并提升社群的活跃度，比如通过红包雨开场、抽奖互动、消息精准投递等提升用户的注意力，以实现有效连接。

4）群快闪活动，高效法门

2023 年 7 月 20 日，侯世霞凭借一条文案在朋友圈激活私域，用 21 小时吸引 114 人进入活动社群，在进行了 1 小时内容分享后，短短一首歌的时间，20 份价格为 1977 元的产品被一抢而空。

她做对了什么？

6 月 19 日，侯世霞咨询剽悍一只猫应该如何搭建产品体系，做一款自己的产品，剽悍一只猫给了她一个方向并促使她迅速行动，她的文案如下：

> 付费 5 位数的读书营，我要把精髓分享给你
>
> 主题：个人蜕变、财富增长、影响力升级
>
> 过去半年，我付费 5 位数跟着猫叔阅读了 25 本书，写了上万字精华总结（每本书一篇），并学到了很多有关个人蜕变、财富增长、影响力升级的核心秘籍。
>
> 今天（7 月 20 日）20:30，我会做一场分享，跟大家讲讲我学到的最宝贵的东西，这些东西让我发生了巨大的改变，时长约为 60 分钟。
>
> 如果你是对的人，稍微学到一两招并好好去用，其长远价值肯定远不止几万元。

【如何参与】

在7月20日20:00之前，给我发任意金额的红包，我拉你入分享群。

郑重承诺：如果你觉得我的分享对你没有巨大价值，直接跟我说，我会把红包全额退给你。

有了这个文案，侯世霞迅速行动起来。她在朋友圈宣发不少于20次，连接20多位盟友协助一起宣发，组建智囊团开会讨论，敲定分享主题和发售产品，用最短的时间设计了产品海报。

她也取得了非常亮眼的成绩——分享1小时，20份价格为1977元的圈子型产品在一首歌的时间内迅速售罄。

这个案例告诉我们，发售不一定要长周期、大团队，用合适的策略可以以最快的速度把用户集中到社群，利用群快闪进行发售，从而快速激活对你和你的产品有信任、有了解、有需求的用户。

· 重点一：要在朋友圈高频发布文案，引发私域用户的关注。

· 重点二：编辑一条极其重要的文案，把你要做的事说清楚。

· 重点三：用任意额度的红包设置门槛，提高用户的重视度。

· 重点四：重视群快闪发售的力量。

但是别忘了，要想在短时间内取得用户的信任，前提一定是你的内容极其精彩，你的产品足够吸引人。

实战作业

检查和评估你的私域链路是否能够形成闭环。

第17计

超级杠杆

用对杠杆

事半功倍

发售的核心是通过营销策略，用多维投放广告的形式吸引更多目标用户的关注，与用户建立信任并产生更进一步的连接。

转化率从哪里来？我们可以充分利用四个超级杠杆来撬动流量、撬动转化、撬动资源。

01 团队杠杆

在发售的过程中，需要最大化地激发团队、赋能团队，用好团队杠杆。以下三大策略有助于放大团队的势能。

（1）人人有事干：角色定位清晰，任务目标明确，把任务拆解清楚，通过目标共识、群策群力、“头脑风暴”等激发团队成员的积极性和创造力。

（2）人人有收获：因事结缘，因发售而成长。团队中参与发售的人都是带着自己的思考、觉察和目标而来的。要让团队成员清楚自己的动力来源，在每个环节上积累经验，确保有所收获。

（3）人人被关照：在发售期间，不仅要让团队中的每个人都感受到被关照，还要在团队内形成互相关照的氛围和默契。这种默契是发售大事件的护城河，是一种“胜则举杯相庆，败则拼死相救”的精神，能够让团队更有凝聚力、向心力和战斗力。

举个例子，2023 年 8 月 11 日，我的“个人品牌营销大课”线下活动如期开展，内部团队提前一天抵达现场参加培训。培训前，我们进行了游戏式团建：用有趣的语言破冰，通过彼此间相互提问加深认识，用多元化的思维展开“头脑风暴”，用游戏和礼物提高大家的积极性……用这种方式形成默契后再进行线下活动的分工，大家能够心怀喜悦去行动。

人心聚在一起，能量更高。这场线下活动取得了圆满成功，在团队的默契配合下，现场成交率高达 50%。

02 盟友杠杆

在私域，有句话叫“你要的用户都在别人的付费社群里”。所以，在发售期间要学会借助盟友的力量，巧用盟友杠杆撬动用户增长。

什么是盟友？“盟”字上面是“日”“月”形成的“明”，下面是器皿的“皿”，也就是说在相同空间里且拥有共同明天的人是盟友，大家目标一致、性情相投、彼此欣赏。在这里也可以看出，良好的关系是发售的助推器，真正的盟友是能够开放自己的资源给你用并真正助你成功的人。

在发售中，用好盟友杠杆能够高效实现流量增长和业绩突围。

（1）朋友圈互推：准备一份吸睛的自我介绍、一组展示魅力的形象照片和一份连接用户的礼物，通过盟友的朋友圈真诚推荐，和盟友交换用户。

（2）直播间站台：在发售期间进行直播间连麦、互相站台，在分享干货的同时进行流量交换。这样不仅可以为彼此进行信任背书，还可以通过礼物促单福利来提升转化率。

（3）社群内分享：准备一堂扣人心弦的公开课，提前做好海报设计、流程设计、礼物设计等，在盟友的社群中进行一次公开分享。你的出现要像一份礼物一样，能为社群加分、为盟友加分。

03 工具杠杆

在互联网时代，打造个人品牌可以选择的工具有很多（这里的工具特指视频号、腾讯会议等技术平台），选择适合自己的工具，通过工具杠杆获取流量是极其关键的。

一般情况下，在发售期间，大家会选择视频号、腾讯会议、线上社群、线下活动等平台或形式来获取流量，下面通过一张工具分析表来感受不同的工具有哪些不同的特点。

工具	特点	有效数据
视频号	直播间形式多样：私密、公开、免费、付费	停留时长、转化GMV、打赏金额、新增关注数
腾讯会议	空间相对私密，可以根据用户基数购买空间容量	到场率、停留时长、转化 GMV
线上社群	触达率高，但用户黏性差	互动率、转化 GMV
线下活动	用户黏性强，活动更有温度，用户连接更有深度	到场率、造场能力、转化 GMV

选择哪类工具需要结合自身的经验、过往的积累、团队的作战能力等综合考虑。举个例子，假如过去你有大量的视频号直播经验且在直播间有过成交案例，即视频号用户黏性强，那么在发售期间推荐将视频号作为主战场。

04 内容杠杆

2020 年 3 月，剽悍一只猫的《一年顶十年》发售前，我获得了为图书创作视觉笔记的机会。在输出视觉笔记的过程中，我深度阅读了《一年顶十年》，这也促使我付费 30 万元去给作者当助理。我的故事充分体现了好内容的杠杆力。

你永远不知道一份好内容会撬动怎样的结果。在发售期间，营销文、验货帖、金句集锦、用户证言、公开课、海报，甚至 IP 的一言一行，都属于内容，每一次对外呈现和输出都需要高度重视、用心打磨。

在发售期间，选取内容方向时可参考下表。

阶段	目标导向	内容方向	关键动作	技巧
起势	引流	创始人初心、人物故事等	发布营销文、验货帖等，进行广泛传播	发售期间要在朋友圈进行大量展示，形成大势能；发朋友圈时删除上一条文案
造势	锁客	成功案例、团队故事	搭建宣发团队	
借势	裂变	团队故事、盟友故事	带动势能	
用势	成交	产品故事、倒计时文案、金句集锦	从用户视角出发组织内容	
成势	转介绍	报喜海报、收获与改变、复盘文章	善用复利思维组织内容	

好的内容在任何时代都是硬通货，我们不仅要做那个能生产内容的人，还要做那个会用内容说话和创造价值的人。

实战作业

梳理你拥有哪些杠杆。

第18计

实战策略

多方共赢的秘密武器

2024年3月11日，在丽娴的“增值私教班”现场，6名学员挑战用2小时售卖价格为88.88元的社群分享型产品，最终售出52单，其中很多人是第一次在朋友圈售卖产品。经历了这次实战，大家几乎重新定义了买和卖。

01 一根魔法棒，破除营销卡点

在销售的过程中，很多人都会遇到卡点——不敢卖、不会卖、卖得少、卖不贵。

（1）不敢卖：很担心产品是不是真的有人买，很担心卖不出去别人怎么看自己，很恐惧向人推销后被拒绝……

（2）不会卖：经常感慨“明明是很好的产品，为什么别人不买呢？”这是因为卖东西的时候不管遇见谁都是一套词——“买它买它，买就对了”，很难说清产品的价值，以及产品真正适合什么样的人。

（3）卖得少：花了很多时间和精力卖自己的产品，可以卖出少量，但卖得不多。

（4）卖不贵：永远在卖9.9元、19.9元，最多几百元的产品，不敢尝试卖更贵的产品，更不敢给自己的时间定价。

以上是很多人在发售中经常遇到的问题，如何解决以上问题，突破营销卡点呢？

答案是：去卖一次。一次突破，终身突破。

第一步，对标。找到真正的销售高手，认真观察他们是怎么做到笃定且自信地把产品卖给更多人的。他们可以是奢侈品专柜的销售人员，也可以是超市的销售人员。你要找到对标人员，反复拆解他的成交路径，研究他的销售话术，体会他的成交逻辑，你会在这个过程中打开觉知、找到感觉、引发共鸣。

第二步，去买。你想成为营销高手，就要做一个会买东西的人。在买的过程中体会销售高手如何一步一步把产品卖给你，让你甘之如饴地花钱；体验那种被人营销、被人服务、为人掏钱的感觉。经历过这些，你对买和卖的觉察会完全不同。只有买过足够多的东西，经历过各种付费场景，你才更容易真正破除营销卡点。买东西的时候一定要思考：销售人员到底做对了什么？有哪些可以借鉴？

第三步，实战。梳理一份目标用户名单（意向名单），有准备地向目标用户发出连接信号，向对方展示你的产品和真诚态度。学会转念，就算真的有人拒绝了你，也没关系。假设 100 人中有 99 人拒绝了你，那么恭喜你，你获得了一套“拒绝大法”；学会向前一步，当有人拒绝你的时候，你可以追问一句“谢谢你拒绝我，我很好奇，你拒绝的理由是什么？”也许，通过真诚的交流，你会收获不同的故事结局。

只要你的产品品质过关，你就可以坦坦荡荡、大大方方地将产品介绍给需要的人。你需要做的是了解产品、熟悉产品，足够真诚地介绍产品、推荐产品。

02 一个阵营，拉动用户增长

2022 年 4 月，李菁找到我，邀请我帮她操盘“百万发售”大事件，她的优势是内容生产能力极强、私域经营得很好、用户黏性很强。当时我们思考：如何团结一切可以团结的人？经过不断的思维碰撞，一个非常好的共赢策略诞生——以教促学，用实战营实现用户共赢，我们把它命名为“菁凌铁军实战营”。

最终，这个实战营用裂变的方式拉动了 80% 的用户增长，学员通过实战学到了最新的个人品牌知识、发售策略及激活私域的实战方法。

（1）实战方案：需要设计一个详细的实战方案，内容包括活动目标、活动主题、活动周期、参与机制、适合人群等，让参与者可以更清晰地明白参与规则、参与方式、任务清单、收获清单。

（2）实战特色：实战特色一定是围绕个人 IP 调性、用户群体特点来设定的。在实战的过程中，不仅要由专人引领队伍，目标明确，还要让参与实战的人有所收获。实战时间不能过长，一般 7~10 天效果最佳，学习、培训、实操、复盘、颁奖……环节推进要一气呵成。

（3）实战细节：细节里藏着专业知识、实战策略、提升士气的办法、对社群中每个人的洞察，还有看不见的努力和成员之间的连接。可以巧设细节提升实战营的效果。比如，在开营当天为学员送上惊喜花束；在每天课程结束时由运营官为学员送上专属信件；发现学员犹豫不决时及时为其送去专属激励文案……

（4）实战边界：在实战的过程中一定要建立规则、敬畏规则、尊重规则。任何一场发售、任何一次实战，都是有边界的，IP 一定要爱惜羽毛，有所为有所不为。比如，不能真正帮到别人的产品，不卖；虚假宣传的产品，不卖；货不对版的产品，不卖。不能为了流量或业绩盲目吹嘘、随意拉人、强买强卖等。

03 一次颁奖，锁定用户长期关系

最好的来是慕名而来，是还想再来。

实战营不仅要有开营仪式，还要有结营仪式。一定要重视结营仪式，利用好结营仪式上的环节，给学员留下深刻的印象，实现多方共赢。

（1）集体亮相：闪耀的集体海报、响亮的战队名称、各战队的核心目标……这些都可以通过集体亮相的形式进行展示。这样的环境能让每个人都更重视实战，获得更大的集体荣誉感和归属感。

（2）给予荣誉：在小组内设置各种角色并为其颁发证书，比如军师、政委、大队长、宣发委员等。结营时，为他们送上一张专属海报或专属奖状，给予他们应得的肯定和荣誉。

（3）让学员上榜：让参与实战营的学员的名字出现在 IP 的公众号、视频号、朋友圈等对外宣发的平台上。

以上环节做到位，很多学员都会愿意跟着 IP 走得更远、更久。好的实战策略不仅能解决营销卡点问题，还能在实战中让用户和 IP 彼此连接，合作共赢。

实战作业

尝试在你的朋友圈去卖一个产品。

第19计

重视直播

直播能力
就是销售力

2022 年 3 月 18 日，我开启了人生第一次 12 小时长直播，与 12 位嘉宾连麦，取得了 51 万元的销售业绩。事实上，在此之前，我通过与牛人连麦访谈、不定期主题直播等，已经积累了超过 200 小时的直播经验。

2022 年 4 月 17 日，在李菁的“百万发售”直播期间，我与其连麦进行营销助力，90 分钟销售业绩近 20 万元。这展现了我通过长期直播训练出来的销售能力。

直播要求主播具备会表达、能控场、懂互动等多项能力，需要实现产品转化的直播对主播的销售能力也提出了很高的要求。

我们通常会通过视频号内容去吸引用户，再通过企业微信或个人微信去留存用户、连接用户。事实上，视频号直播也是深度连接用户的关键形式。

01 三个技巧，提升直播能力

视频号直播成功与否，市场是会给出答案的。发售期间的直播，每一场都是需要精心策划和准备的。从主题到内容，再到流程、细节和团队配合，都需要提前策划与布局。

（1）仪式感：每次直播都需要有一种仪式感，就像赴老朋友的约。只有足够重视，才会花大量的时间和精力去准备。一场好的直播发售，80% 的精力都花在前期的策划和准备上，也包括直播彩排和演练。

（2）针对性：直播内容一定要有针对性。不要认为自己只对着镜头，要想象镜头外坐着你的用户，你在用自己的方式和他们面对面沟通、交流，向他们传递有价值的信息。比如，开播前看到用户进入直播间，可以亲切地喊出他的名字，对他表示欢迎。

（3）目标感：每场直播都要有明确的目标，无论是关注新增用户、停留时长、转发频次，还是关注成交金额，关键的动作、流程都应该是为实现直播目标服务的。

02 三个要点，打造高能直播间

发售期间的直播要比平时的直播更严谨、更细致。一场4~6小时的直播，加上邀请嘉宾、赠送礼物等环节，堪比一个大项目实战，不仅需要充足的体力，更需要强大的心力。要想打造高能直播间，以下三个要点要抓牢。

（1）爽点：给用户提供情绪价值。通过组建高颜值助播团队、设置有趣的互动环节、抽奖送福袋等形式，有效地和用户之间产生高频次互动。比如，下单时为用户播放专属音乐，让他感受到愉悦，让他有爽感。

（2）痛点：痛点也是卖点、需求点。通过个人品牌故事、成功案例、产品故事等让用户从不同维度感知到——你的痛我懂，我可以帮到你。

（3）成交点：用户的动心时刻、产品价值被成功传递的时刻、连麦嘉宾携带的福利和礼物出现的时刻，都是成交点。

03 三个阶段，为直播间保驾护航

可根据直播前、直播中、直播后三个阶段做好全方位直播准备。

（1）直播前：做好设备检查工作，保证网络通畅、设备完好、电量充足；主播熟悉整体流程和产品信息，团队工作人员也已做好准备；主播做好了服装、妆容、状态准备；确认连麦嘉宾的分享主题、连麦时间、赠送的礼物等；已做好风险管控预案。

（2）直播中：主播精神状态饱满，按照预设流程进行开场、产品讲解、游戏互动、嘉宾连麦等。

（3）直播后：召集团队全员进行复盘，总结经验，同时对销售业绩进行盘点，做好后续跟进工作。

扫描二维码，关注公众号“一伊说”。
回复“直播”，获取一伊的“12 小时直播大事件操盘 SOP”。

实战作业

制订一个有目标的直播计划，完成一场直播。

第20计

社群运营

私域增量的主战场

每个 IP 都会根据自己的调性、风格、专业去设计自己的产品，并通过社群与用户建立信任和连接。因人群不同、功能不同，各社群的运营方式也不同。付费社群和免费社群存在着天壤之别，用户黏性也天差地别。

社群运营是一场关乎人心、技术、创意的全方位实战，要求运营者既要有战略眼光，又要有细腻的情感。

在发售前，需要设置一个严格、缜密、细致的运营方案，安排专业的社群运营专家操刀，给予用户全方位的良好体验。在发售中，有效的社群运营方案不仅能增加用户黏性，还能提高转化率。

01 有效的社群运营方案是重点

发售期间的社群运营一定是有节奏、有秩序、有策略的，这个过程需要一个完整有效的运营方案。

2022 年 4 月，某 IP 想要实现“百万发售”，新增 5000 名用户入群，每个群容纳 200 人，即新增 25 个群。那么他是如何对这些群进行统一管理、有序维护的呢？又是如何触达用户的呢？

1）入群前，明确目标和群功能

发售期间建群一定要明确目标，提前设置好群规则，让用户清晰地知道群功能、进群的规范动作等。还需要识别风险，避免发生群被封、被禁言等情况。

（1）明确群人数：要有容量思维，比如一个群 200 人左右更方便管理与用户触达，一方面可以满足安全需求，另一方面可以兼顾用户体验，避免信息过载。

（2）明确群规则：设置好发售期间的群规则，发布群公告，让用户明确知晓群规则及本次活动的要点。

（3）明确群名称：一般可以用活动名称或 IP 名字命名，比如女性之光新品发布会群、伊字军、伊往直前 2024 年中分享群等，这样的群名称更容易表明功能，让社群更有辨识度。

（4）明确群运营人员：要想将细节把控到位，需要专人管理，即设置专门的群运营人员并为其分配角色，如运营官、主持人、氛围官等，配合发售节奏将运营方案落实到位。

2）入群时，确认用户信息

不管是通过门票入群的用户，还是通过表单入群的用户，不能有所遗漏，要保证每个用户都能及时入群。

3）入群后，提升用户体验

（1）有效的群运营动作：发售期间，应及时在群里同步信息和内容，确保用户不错过重要信息。

（2）把握时间节奏：提前告知接下来的发售安排，让用户可以安排自己的事务，为发售预留时间。

（3）把握内容节奏：充分展示主题、嘉宾、个人品牌故事等，让用户更理性地做出选择。

（4）把握产品发售节奏：在群中明确介绍发售什么产品，有哪些福利，多久能交付，产品特性有哪些……帮助用户做出决策。

（5）把握报喜节奏：通过群接龙、群报喜、群恭喜等形式，利用好从众效应，让用户感受到被看见的喜悦。

02 关注人，社群运营的核心

一个好的社群应该是什么样子的？大家一定会想到积极参与、快速响应、群活动丰富等词汇。事实上，好的社群是关注人的社群——关注社群中的每个人。那么，具体该怎么做呢？

（1）升级认知：做好内容和信息的严格把控。人们的注意力越来越有限，想要让用户聚焦你的产品，一定要给出高价值的内容，升级甚至颠覆用户的认知，让他们有认同感、归属感。

（2）创新玩法：在运营社群时一定要认真思考有哪些创新玩法可以给用户带去新鲜感、震撼感，要将这些方法用在社群运营中。

（3）促进连接：促进连接是私域流量增长的不二法门，当用户与你发生高频连接时，故事就有了，朋友圈素材也有了，用户一定会自发地做好宣传。比如裂变策略、赠礼策略等，都是促进连接的社群运营技巧。

（4）给予关注：一定要关注经常在群里主动发消息的人，在群里 @ 他，这会让他的归属感更强。好比你在餐厅里看到某个人，第一眼就认出他并喊出他的名字，这说明你和他关系一定不疏远。更要关注那些积极为社群做贡献的人，比如整理群通知、协助群运营、分享笔记的人，他们一定是非常认可你、喜欢你才会这样做的。

03 四个维度，社群发售的关注点

发售期间如何将有效信息精准传递给社群用户呢？可以基于以下四个维度，实现有效运营。

（1）主场感：在活动开始前设定群规则，用户进群后，将 IP 的个人品牌故事、学员案例、活动主旨等，用文字、图片、视频等形式进行传播。

（2）重视度：在注意力有限的时代，通过提前释放信号、塑造价值等，可以提高参与者的重视度，比如，可以设置专属私信、回复指令等，这也是提升社群活跃度的前提。

（3）参会率：参会率即到场率，高参会率是高转化率的前提。在进行社群运营时，一定要通过各种方式，如提前筛选、问卷调查等吸引精准用户，提升参会率。

（4）转化率：提升转化率和提升主场感、重视度、参会率强相关，除了要做好上述三点，还可以通过专属运营和卖点策略来提升转化率。

主场感、重视度、参会率决定了转化率，每一场社群活动都在通过运营向用户传递信息和价值，因此要做到：社群活动和用户息息相关；社群信息环环相扣；社群活跃方式有惊喜、有创意。

实战作业 尝试制定一个小型快闪发售的社群运营方案。

第21计

神托助力

托举力是核武器

这里的“神托”，不是单纯指购买你产品的人，而是指那些神级战友，他们认可你、喜欢你，体验过你的产品，愿意用自己的实力、资源助你成事。总之，他们愿意托举你。

01 主持人的托举

公开课需要一个能力极强的主持人，这个人不仅要声音好听、控场专业，还要懂得如何在关键时刻托举在场的人。不管是在线上直播间，还是在线下活动现场，有一个专业能力过硬的主持人可以给场域注入更多的能量，使场域充满生命力。

（1）对你足够了解：作为主持人一定要对 IP 的个人品牌故事、专业性、产品属性、团队背景等都有充分的了解，这样他才能作为纽带传递故事和价值。

（2）对流程有掌控能力：专业的主持人必须对流程、节奏的感知力和控制力极强，懂得在不同的时间创造不同的价值。

（3）有销讲的能力：口才和专业能力过关的主持人不一定会销讲，但会销讲的主持人一定是成交高手。

主持人的托举不仅体现在成交结果上，更体现在每一个细节上，比如他对现场人员的关注、对 IP 个人品牌故事的演绎、对嘉宾段位的塑造等。

02 盟友的托举

在你需要的时候，真正的盟友会毫无保留地用他们的资源、实力给予你强力的支持。那么我们可以得到哪些形式的盟友托举呢？

（1）赞助支持：这是最为简单、直接的盟友托举方式，在你最需要支持的时候，盟友直接给予金钱或礼物赞助，让你在发售期间更有底气。

（2）站台支持：第一种，不管是线上还是线下活动，作为嘉宾出席，愿意协助你进行宣发，同时带着他的心意助力现场成交；第二种，虽然不能抵达现场，但会录制视频并赠送礼物，让现场的每个人都可以感受到你被托举的力量；第三种，专门为你写一篇文章，在他的私域为你宣传，让你被更多人看见。

（3）智囊支持：不仅会毫无保留地分享他的发售经验，站在智囊团的立场替你出谋划策，还会亲自给予指导，在现场帮你梳理流程、带领团队，助力成交。

03 高人的托举

这里的高人，是指能量高、级别高、境界高的人，比如你身边的长辈、老师、贵人。在发售期间，主动邀约高人并得到他们的助力，可以实现影响力的倍增。

（1）同框效应：能和高人同框，这体现了你的段位和资源，也会给用户带来更强烈的信任感。个人品牌的“品”字里面有三个“口”，第一个口是口才的口（你靠什么输出内容）；第二个口是连接端口的口（你通过什么和用户进行连接）；第三个口是口碑的口，高人托举可以帮你获得好的口碑。

（2）能量效应：当高人为你站台、托举你的时候，你本人也会充满能量和信心。

（3）背书效应：你的产品被高人购买会形成一种背书效应。

很多人一看购买名单，会觉得自己购买产品后可以得到连接更多高人的机会，便会毫不犹豫地做出购买决策。

04 用户的托举

在个人品牌时代，成功案例更有说服力。你的产品成就了哪些人？你帮助他们取得了哪些成绩？有哪些特别震撼的故事和用户证言？这些问题的答案便是用户对你的托举。

（1）用户自证：用户在发售期间分享成功案例、前后对比、学习结果，这能给其他目标用户以暗示——他能成功，我也可以。

（2）结果导向：事实和结果是最好的证明素材。结果分多种，个人的成长和蜕变、取得的成绩和认可、连接的资源和人脉等。

（3）二度人脉：让用户成为你的转介绍中心和推广大使，他们在实践中使用过你的产品，由他们来推荐，用户更愿意相信。

05 高手的托举

这里的高手是指成交高手，即擅长促单、成交的人。

在发售期间，可以成立一支成交特战队，所谓“王婆卖瓜、自卖自夸，不如找会卖的人来夸”。比如，成立营销顾问团，他们懂产品、懂市场、懂用户，更懂你，他们能够在发售期间将产品讲清楚、说明白，进而促进成交。

实战作业 打开手机（或微信）通讯录，梳理你的人脉圈，看看有哪些神托能在发售时为你助力。

第22计

无用之用

用好无用

方可大用

2024 年 3 月 9 日，侯小强的“曾国藩思想大课”深圳场活动取得圆满成功。我带领的一伊操盘手团队在布场中大量运用了书法、绘画等元素，在开场设计中更是用戏剧的形式把“曾国藩”请到了现场，让学员有“读破万卷，神交古人”之感，结尾用一幅蒲公英主题绘画作品与全场学员互动，寓意每个人都将像蒲公英一样去传播曾国藩思想。

现场的很多学员被打动，哭了一次又一次；有很多学员反馈，说第一次见到这样的布场形式；还有很多学员跑来互动，想把这样的形式引入自己的活动。

以上就是“无用之用”在发售中的应用，一些看起来与发售毫无关联的音乐、舞蹈、绘画、冥想、古诗、书法等，事实上可能会对发售起到重大作用。

01 三力模型，人人都是主理人

最好的团建就是一起打胜仗。在发售的过程中，多个团队在一起携手干大事，有一种方式能让团队间迅速破冰——主理人文化。依托主理人文化，用户可以在项目中共创、共建、共学。组建主理人团队要用好“三力”——动体能力、动脑能力、动心能力。

（1）动体能力：在活动中，可以带领用户把身体舒展开，比如做做拉伸。人在自然放松的情况下会感受到不一样的能量。

（2）动脑能力：在前面讲过的 5111^5 模型中，我们强调了内容的重要性。事实上，震撼人心的内容、绝佳的提问、活跃的思维、带有启发性的故事等，都会帮助我们进行更细致、更深刻的思考，从而获得启发。

（3）动心能力：江湖中一直流传着一句话——谁让我动了心，我就是谁的人。事实上，在知识付费越来越“内卷”的时代，“真正走进用户心里”变得越来越重要。要在对的人身上花时间、花精力、花心思，用最大的诚意和真心让用户动心。

02 三大策略，人人都是艺术家

王德峰教授在他的《寻觅意义》一书中提到这样一句话：“音乐是最高‘巫术’。”他有一个基本信念：音乐不是用耳朵去听的，而是用心灵去“听”的，音乐属于社会，属于人类，属于人类的命运。

音乐是可以随时随地调动情绪、表达情感、促进连接、加强沟通的，音乐是内容的重要组成部分。在发售中，使用音乐有以下三大策略。

（1）神曲策略：我的军师秦阳帮我打造了宣传语“IP 变现要落地，操盘必须找一伊”。配合使用“蜜雪冰城甜蜜蜜”的音乐，在活动现场给人留下了深刻的印象。打造个人品牌可以选择一首用户耳熟能详且传播深远的乐曲，不管是在线下还是在线上，都进行高频播放。这样做的好处是，别人听到这首乐曲就会想起你，音乐的基调和氛围也是你个人品牌一部分。

（2）音控策略：在发售的过程中一定要找一个懂音乐的“音控小达人”，他恰如其分的音乐调动，配合发售的特殊环节和现场情况，一定会促进转化，给发售增加不少亮点。

（3）调取策略：一定要有意识地积累自己的音乐曲库，在适合的场景、时间、人员面前游刃有余地调取。比如，写作时调取能激发你灵感的音乐；演讲时调取能让你更有力量的音乐。常年训练自己调取音乐的能力，在发售期间选择适合的音乐，会带给你惊喜。

03 三个侧面，人人都是创作者

我从小开始学习美术绘画，2015 年进修视觉引导，这让我在艺术、视觉和审美上都得到了很大的提升。在转型做操盘手的路上，一些看起来的无用的艺术熏陶，若能运用在视觉设计、场域搭建、环节设置等流程中，将如虎添翼，让人纷纷称赞。

特别是在和我的同学李静的搭档过程中，我受到了极大的启发——拆解出三个成为发售创作者的侧面。

（1）游戏侧面：成为善于观察爆款游戏的人，借鉴游戏的玩法、机制、创意，将这些带到你的活动中。你会发现——哇，真好玩！

（2）参展侧面：经常参加艺术展、逛博物馆，借鉴里面的空间布置、创意设计，用在发售中。你会发现——哇，真心动！

（3）涂鸦侧面：每个人天生是涂鸦高手、写字高手，在发售过程中借用一些涂鸦元素可以增加趣味。你会发现——哇，真有趣！

2023 年 8 月 11 日，我在“个人品牌营销大课”线下活动中结合发售模型，策划了真人版《大富翁》游戏。整场活动欢乐、刺激、有趣，让现场的参与者在游戏中深刻感受到发售的魅力，以及我个人优秀的活动策划能力。

每个打造个人品牌的人都是一个多面手，有着出彩的能力、擅长的领域、独特的爱好等，别忘了，有趣的灵魂也需要呈现。在发售的过程中，用好三个侧面，你也是创作者。

实战作业

为自己设置一个 21 天才艺日课，比如听歌、朗诵、写书法、看艺术展，欢迎你通过微信与我分享你的才艺日课。

第23计 风险把控

给发售买一份保险

2022 年 7 月，在某 IP 的线上大型直播中，直播手机（主设备）因过烫而黑屏，直播被迫中断。

2023 年 9 月，在某 IP 的大型发售活动中，新打造的线上社群一个一个被封，导致新增流量入口被堵，信息无法同步，触达率降低，到场率更是达到史上最低。

一个未知的风险对发售可能产生牵一发而动全身的影响，甚至会打乱整场发售的节奏。那么，如何将发售风险降到最低？有哪些策略可以让一场发售平稳落地？

01 三大原则，让发售更松弛

下面我们介绍三个让发售过程更松弛、更平稳的原则。

（1）预案原则：凡事预则立，不预则废。在发售前，一定要有预案思维，要预备至少三个方案，做到有备无患。

（2）明暗原则：设置一条明线，一条暗线。明线上绑定的是用户视线里的人、事、物，暗线上绑定的是工作团队，他们在大家看不见的地方默默为发售进行守护和托举。举个例子，在线下大课的现场，要安排医护人员保驾护航，也要在活动现场的各个角落安排好安保人员，一旦发生紧急情况，第一时间进行响应。

（3）允许原则：在发售的过程中，要允许团队犯错，允许不可控事件发生，当你的容错阈值越来越高时，你反而会越来越轻松。遇到问题不要怕，积极面对、积极回应、积极处理，保持积极的心态本身就是一种解决方案。

02 一个开关，让风险变成教学素材

在某场线下闭门会的现场，课程正在有序进行，突然音控台连接着的电脑通过音响设备传出刺耳的电话铃声，工作人员马上挂断了电话，没想到铃声再次响起。工作人员迅速响应，马上进行了处理。主讲老师非常镇定，就像从未受到干扰一样，按部就班地讲授内容，大家也很快被他的精彩内容吸引过去，忘记了刚刚的小插曲。

会后，我们以乐观的心态针对这个突发情况进行了复盘。

（1）这是很好的故事和素材，让我们知道在线下大课中要将这种情况作为风险点，未来做好预防。

（2）主讲老师的临场应变能力很重要。作为主讲老师，要学会应对教学过程中的各种不确定事件。

（3）此刻，这个突发情况作为案例，出现在了本书中。

能把风险当作案例，当作学习和快速成长的机会，我们便拥有了勇气，会更加笃定地应对各类风险。

03 四个方法，层层把关规避风险

风险具有随机性、偶然性、损伤性、不可控性等特点。发售具有统筹人员多、涉及事项杂、经历周期长等特点，这个过程需要提前做好人、事、物、场等各层面的系统安排，做好风险防范。

（1）风险清单：提前将可以预见的风险整理成清单，比如关键人物能否准时到场、会场的硬件设施是否过关、采购的设备是否安全等。

（2）备有预案：根据列出的风险清单准备对应的预案，制定

处理方案，比如，社群被封预案、直播限流预案、主播生病预案、运营人员无法到岗预案等。

（3）提前测试：测试、彩排、培训等都是降低风险的有效措施，可以做到风险可控。比如，提前一天抵达现场熟悉环境并调试设备，进行关键人员集体彩排等。

（4）正面应对：当风险真正来临时，应正面应对。比如，聘请专业的公关危机处理团队，用专业的方式化解风险。

04 一个妙招，降低风险概率

2022 年，在我要进行 12 小时生日直播的前两天，我召集团队进行了一次线上彩排，其中包括画面测试、流程演练、团队配合、礼物发放、购买产品链路测试等。我们还提前采购了手机散热器、保温杯、润喉糖等物品。考虑到直播时间过长，我特地安排了一名小助手作为我身边的助播。

在正式开启直播发售那天，我的状态极好，流程进行得也特别顺利，团队配合更是默契十足。

通过彩排，我们可以更好地感受真实的节奏，预见可能发生的风险。发售就是一场大型的真人秀，要想降低风险，一定要重视彩排这个妙招。

实战作业 思考一下，如果你将要面临突发事件，你会如何制订 Plan B、Plan C。

用势篇

用势篇

阳谋营销 1

- 五个步骤演绎销讲
- "6+1"成交法，搭建360成交体系
- 意向金成交法，一对一咨询
- 引发提问

重视线下 2

- 两大类型：交付型、增长型
- 活动人数：10～1000人
- 三种思维：导演、项目、作品
- 活动六觉：视觉、嗅觉、听觉、触觉、知觉、味觉
- 线下活动销项表

提前锁客 3

- 最小链路策略
- 分层定价：内部价、早鸟价、倒计时价
- 诚意金策略

数据报喜 4

- 直播型报喜
- 分享型报喜
- 感恩式报喜
- 庆功式报喜
- 滚雪球式报喜

精力管理 5

- 三个维度：身体、情绪、心态
- 80%精力用于准备工作
- 三个妙招
  - 马上去做；
  - 持续热爱；
  - 确定人生目标

峰值设计 6

- 三个黄金时刻
  - 第一印象
  - 最满意印象
  - 最后印象
- 三大思维
  - 塑造稀缺感
  - 营造反差感
  - 交付改变
- 四种情绪：欣喜、认知、荣耀、连接

近我者富 7

- 对内自命不凡，对外震撼人心
- 相信我，我能帮到你
- 四种承诺
  - 零风险
  - 负风险
  - 双倍式
  - 返还式

第24计 阳谋营销

大大方方卖，
坦坦荡荡赢

2023 年 8 月，我在深圳操盘了一场 3 小时的线下沙龙，通过销讲，现场营销业绩达到近 20 万元。

到底是做对了什么才能够在短时间内让用户产生信任并直接下单购买？

核心法门是：阳谋营销。

阳谋，顾名思义就是公开、透明的策略或计划。强调的是信息公开透明、行事方式合理合法，不涉及欺诈、隐瞒或背后操作。阳谋的本质是借助规则或力量使对方在博弈中做出某种符合我们预期的行为。真正会卖东西的人，都是极其坦荡的。

做好阳谋营销的前提如下：

（1）产品过硬：产品品质好，对自己、对产品都有足够的底气。

（2）实力交付：坚信选择我的产品的人都是极其幸运的，我只帮助需要我帮助的人。

（3）用户思维：营销的本质是增加同伴，《人性》一书中有一句经典的话“世界上唯一能够影响别人的方法，就是谈论人们所要的，同时告诉他，该如何才能获得。”我们要清晰地了解产品的用户画像。

01 一个神技能，批量迎来精准用户

如果说有一个技能能够在短时间内迅速讲清产品，获取用户信任，通过语言更好地传递能量，那么这个技能一定是销讲。

具备销讲能力，需要我们有扎实的演讲能力、销售能力、洞悉人性的能力，能够把产品描述清楚，还能通过营销策略现场促单。

1）五个步骤演绎销讲，丝滑种草成交

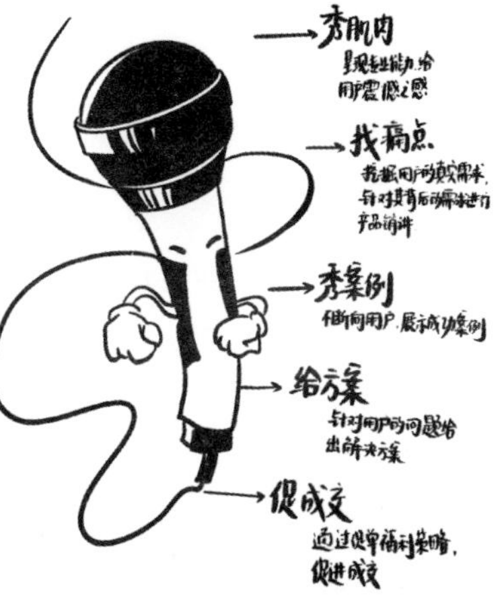

（1）第一步，秀肌肉。呈现我们的形象、表达、个人品牌故事及专业能力，让用户感受到我们的真实、专业和文化底蕴，总之就是给用户留下深刻的第一印象，让用户有震撼之感。

（2）第二步，找痛点。痛点是一切成交的诱因，更是商业和产品销售的根本策动点。简单来说，痛点就是用户日常遇到的问题，不解决这些问题用户就会浑身不自在。在这一步我们要挖掘用户的真实需求，针对其背后的刚需进行产品销讲。

（3）第三步，秀案例。不断向用户展示成功案例，让用户知道我们通过专业能力帮助过哪些人，取得了什么样的成果……告诉用户“他们可以，你也可以”。

（4）第四步，给方案。要想解决用户的问题，我们需要给出一个解决方案。需要把产品的交付形式、服务周期、风险承诺等一一交代清楚，让用户透彻地了解我们的产品。

（5）第五步，促成交。通过限时、限量、喜报等促单福利来促进成交，让用户在真实的场景下购买产品，与我们产生连接。

2）“6+1”成交法，搭建 360 度成交体系

这里的“6+1”成交法，是指六种具体的成交方式，辅以一种促单技巧。我们先来介绍成交方式。

（1）专业成交：用极强的专业能力在短时间内给予用户震撼之感，让用户感受到我们的专业，并认定我们的产品为最佳选择。

（2）造场成交：结合自己的特点、产品、专业及用户特性搭建场域，在这个场域内，用户的感受至关重要。比如，我们可以为用户准备个人介绍易拉宝、成功案例展示墙，或请用户上台分享。通过在场域内为用户营造好的氛围来促进成交。

（3）能量成交：我们的状态、学员的状态、现场的氛围，甚至背景音乐，都属于能量的一部分。当能量匹配时，便会促进成交。

（4）故事成交：讲道理、讲技法不如讲故事。一个擅长讲故事的人，更能打动用户并促进成交。2023 年 8 月，我讲了一个关于作品的故事，这个举动直接帮我把我的一幅画以 75 000 元的价格成功售出。

（5）愿力成交：将我们的愿望告诉所有人，当这艘愿望大船经过其他人身边的时候，其他人的愿望之船也会被“感召”。对于产品发售，道理是一样的。

（6）福利成交：提前准备好非常吸引人的福利，通过福利促进成交，也就是借助赠品逻辑让用户感觉自己赚到了。比如，买课程送其他课程，买读书会入场券送定制版签名图书 3 本。

除了上述成交方式，还要巧用“限时发售”“限量促销”等制造营造紧迫感的促单技巧，使用户更快速地做出决策。

02 一个神连接，快速建立用户信任

在发售中，经常会用到的一个成交策略就是“意向金成交法”，交意向金后先进行一对一咨询，然后面对面交流，最终让用户决定是否下单。

要想在极短的时间内让用户感受到我们的专业能力，关键就在于提高一对一咨询的能力。

如何通过一对一咨询提高产品转化率？以下五点很重要：

（1）需求：咨询的核心是知己知彼，可通过调查问卷收集用户信息，明确用户的痛点。在咨询的过程中通过提问、聆听、抓关键词等方法，更好地了解用户的需求。

（2）重视：一对一咨询是需要仪式感的，在这里需要提高重视程度，我们不仅要重视用户，也要让用户重视我们，知道我们的时间同样宝贵。比如，可以提前通过专业话术告诉对方沟通时长、咨询范围及注意事项。

（3）专业：在咨询的过程中能够结合对方的问题和诉求，迅速做出回应且给出解决方案，这是和用户建立信任的关键方法。同时，要足够真诚，如果无法帮助用户解决问题，就诚实地告诉他。

（4）策略：在咨询的过程中，针对不同的用户要使用不同的沟通技巧。比如，对于“红色性格”（热情开朗）的人，简单直接一点儿为好。

（5）反转：不是所有成交都由用户驱动，如果咨询过程不愉快或产品与用户不契合，我们应该掌握成交的决策权和主动权。

做好一对一咨询需要有极强的功力，不仅要对用户有足够的感知、耐心，还要有专业积累，对产品有足够的了解。

扫描二维码，关注公众号“一伊说”。
回复“11 问”，获取“里程碑事件操盘 11 问”。

03 一个神关键，快速提高成交率

无论产品多好，要想卖得多、卖得贵，一定要配上好的营销策略。提高成交率的一个关键是，先以欲钩牵。这句话原指通过世俗欲念引导众生信受佛法，在这里则是指不断通过释放信号引发用户好奇，然后通过吸引加满足的方式帮助用户按下“确认下单”键。

引发提问就是一个特别好的互动方式，通过分享专业内容引发用户思考，在回答用户问题的过程中挖掘其真实需求，并提供对应的解决方案。

2023 年，我在某个 300 人规模的线下活动现场，运用答疑策略和分享嘉宾进行互动。仅 1 小时，近万元的产品被 10 人抢购。

实战作业

尝试写下一段销讲话术。

第25计

重视线下

善用样板间思维

2021 年 6 月，我负责操盘特立独行的猪先生在上海举办的一场线下闭门会。场域以粉色为主色调，针对内容、视觉、礼物、音乐等进行了全方位的设计，从用户体验、视觉传播、品牌效应等不同维度进行了精心安排，120 多位用户从全国各地赶赴现场。

这场闭门会使用户深度了解了个人 IP 的服务内容与经营范围，更对品牌色——粉色有了非常深刻的印象。

举办线下活动能加强人和人之间的连接，可以使用户对场景、色彩、声音等有全方位的感知。在互联网时代，智慧型 IP 不仅需要具备线上传播能力，还需要具备线下交付能力。重视线上传播的同时，更应该重视线下交付。

一场好的线下活动，需要一个优秀的导演，他得具备用剧本思维去演绎活动的能力。

01 两大类型，确认线下活动开展形式

在产品交付的过程中，需要举办哪种类型的线下活动，这需要结合 IP 的性格特点、产品体系、交付内容等进行确认。

（1）交付型产品：核心功能是服务用户、促进连接，可以通过线下宣发来提升产品势能与影响力，比如举办茶话会、线下大课、闭门会、游学活动、圆桌论坛、签售会等。

（2）增长型产品：通过造势吸引更多用户来到线下，然后通过线下造场来集中验货，促进成交，可以举办一些线下交流会、案例见证会等。

02 活动人数，决定线下活动举办形式

具体举办什么样的线下活动，要依照参与活动的人数来决定。

活动人数	活动形式
10~30 人	茶话会、游学活动、精品小课、工作坊
31~100 人	线下大课、闭门会
101~500 人	峰会
501~1000 人	行业大会

注意：人数越多，需要考虑的风险因素就越多。

03 三种思维，助力线下活动口碑倍增

要想在线下活动中获得好的口碑，需培养以下思维：

（1）导演思维：要有导演思维，从活动策划、宣发、预算、场控、音乐选取等方面全局“谱写”活动，与专业团队一起交付一场有创意、有口碑、有票房的线下活动。

（2）项目思维：一场线下活动相当于一个项目，需要从启动、规划、执行、监控、收尾等各个阶段考虑项目如何推进，从活动前、活动中、活动后各个环节考虑活动如何开展。同时，在这个过程中要搭建自己的资源库和供应商库，整合场地、物料、摄影、餐饮等多方资源，找到专业又可靠的合作伙伴。

（3）作品思维：每场活动都是独一无二的、不可逆转的作品，要把一场活动当作一个超级作品去打磨，为其注入更多的时间、情感。

04 五感六觉，提升线下峰值体验设计

每个人都是渴望被尊重、被肯定、被爱护的。在做线下活动时，如果用户能来到活动现场，走到我们身边，那么作为主办方的我们就更应该用足够的爱去回馈这些人。美国作家盖瑞 · 查普曼有一本书叫《赞赏的五种语言》，五种赞赏的语言分别是肯定的言辞、精心的时刻、服务的行为、称心的礼物和身体的接触。这本书不仅强调赞赏的力量，还强调看见的力量。把这五种赞赏方式用在线下活动的设计中，会让用户体验到尊重感、高贵感、安全感、舒适感和愉悦感，此即线下活动的五感。

在布置线下活动环境时，可以聚焦视觉、嗅觉、听觉、触觉、知觉和味觉六个维度，此即线下活动的六觉。

（1）视觉：重视视觉呈现元素，如彰显品牌形象的背景墙、易拉宝等宣发物料、现场伴手礼及演职人员着装等，要做到视觉统一。这不仅能给用户带来极强的视觉冲击力，还能将品牌色根植于用户心智。

（2）嗅觉：清新的环境是提升用户体验的关键因素之一，选择会场前一定要注意嗅觉感受，还要考虑场地是否通风、周围环境是否惬意等。

（3）听觉：现场音乐、音响品质、话筒效果、主持人音色等都是现场听觉体验的组成部分，因此要仔细考量。

（4）触觉：现场的所有设施、物料等，但凡能让用户触摸得到的，都会给用户以触觉体验，因此在材质选择上要做好规划。

（5）知觉：通过一些环节设计能够给用户带来不一样的知觉体验。比如让他们闭着眼睛去感受产品、让他们彼此之间拥抱等。

（6）味觉：茶歇、餐饮等是味觉体验的主要组成部分，要让用户吃好、吃饱。

05 一个时间轴，锁定线下活动细节

对于线下活动，流程顺畅无比重要，因此我们需要一张细化到分钟的销项表来核准所有的细节和流程。这样做的好处是，不仅能对活动流程有所把控，还能根据现场的实际情况灵活安排活动进程。

下面给出一个线下活动销项表的例子，大家可适当参考。

时间	任务	任务拆解	具体职责
–	分组	提前分组	拿到人员名单，进行基础数据分析；进行人员分组，确定各组组长
–	线上运营	温馨提示	各组互相明确职责；提醒签到时间及其他安排；明确具体流程；进行天气提醒等
8:00–8:20	集合	现场检查	内场检查；摆放签到处物料并进行签到彩排；空调温度监测
		音控台检查	PPT 演示播放；话筒试音；翻页笔测试
8:20–9:00	签到	线上运营	线上提醒签到；发布活动地点；拍一个引导视频发到用户群里；拍一个现场视频引导嘉宾签到
		电梯口迎接	在电梯口布置指示牌
		迎宾签到	嘉宾在签到表上签名；提醒嘉宾完成群接龙签到并注意仪容仪表
		引导拍照	两位运营团成员引导嘉宾拍照留影、提供拍照道具、帮忙拿包拿衣服等
		引导入座	两位运营团成员引导嘉宾入座，提醒嘉宾阅读桌面上的参会指南

续表

时间	任务	任务拆解	具体职责
9:00-9:02	开场	简单开场	主持人自我介绍；主持人讲明活动目的与优势
9:02-9:10		活动介绍	活动流程介绍；活动细节体现；开场舞（或其他开场节目）表演
9:10-10:20	分享	老师分享	主讲老师分享，时长 70 分钟
10:20-10:26		优秀学员 1 分享	优秀学员分享成功案例，时长 6 分钟
10:26-10:32		优秀学员 2 分享	优秀学员分享成功案例，时长 6 分钟
10:32-10:38		优秀学员 3 分享	优秀学员分享成功案例，时长 6 分钟
10:38-10:55	茶歇	茶歇、拍照、交流	主持人需提醒，工作人员需做好引导
10:55-11:00	会议	主持人重新引导会议继续	对前面的分享进行复盘，抽奖送礼，抽 4 组，每组 3 人
11:00-12:10	分享	老师分享	主讲老师分享，时长 70 分钟
12:10-12:20	广告	广告营销	介绍产品，促进转化，时长 10 分钟
12:20-12:30	合影	与主讲老师合影，学员间合影	在舞台上放置一个引导合影的指示牌
12:30-13:45	用餐	线上运营	线上提醒餐厅位置；提醒大家下午的会议时间
13:45-14:00	签到	迎宾签到	参考早上的签到流程
14:00-14:02	开场	主持人开场	简短开场白后进行抽奖，抽 4 组，每组 3 人
14:02-14:07		暖场表演	暖场节目表演
14:07-15:10	分享	老师分享	主讲老师分享，时长约 1 小时
15:10-15:16		优秀学员 4 分享	优秀学员分享成功案例，时长 6 分钟

续表

时间	任务	任务拆解	具体职责
15:16-15:22	分享	优秀学员 5 分享	优秀学员分享成功案例，时长 6 分钟
15:22-15:28		优秀学员 6 分享	优秀学员分享成功案例，时长 6 分钟
15:28-15:45	特别环节	动心时刻	特别的环节设计，需要配合现场灯光的变化
15:45-16:00	茶歇	茶歇、拍照、交流	主持人需提醒，工作人员需做好引导
16:00-16:08	开场	主持人开场	简短开场白后进行抽奖，抽 4 组，每组 3 人
16:08-17:10	分享	嘉宾分享	特别嘉宾分享，时长约 1 小时
17:10-18:00	感恩	感谢所有嘉宾	感谢现场来宾、赞助商、学员、操盘手团队
		感谢运营团队	感谢现场所有工作人员、志愿者
		切蛋糕	准备刀叉及数量足够的餐具
18:00-18:30	送别	送别嘉宾	运营团成员引导嘉宾离开
18:30-23:30	复盘	对活动进行复盘	召开复盘讨论会议，总结经验
-	线上运营	利用线上平台持续放大会议能量	朋友圈感谢、点赞、互动；群里互动，感谢所有人；跟进没有寄出的礼物；物料收集并清点打包；在用户群里增加送礼物、发红包环节
-	传播	会议能量传播	充分利用线上平台继续宣传会议盛况

实战作业 请思考，如果让你负责一场线下活动，你会如何策划。

第26计 提前锁客

先胜后战的核心密码

2023 年，“商业女诸葛”丽娴准备做一个“富足读书会”项目，定价 3980 元，一年交付期，目标是 300 人入会。她从当年 6 月开始筹备，7 月正式对外招募，还未正式招募时便有 70 多人提前锁定了读书会名额。于是，招募海报里面就出现了这么一句宣传语：“未经正式发售，提前锁定 70+ 席位”。这个例子中用到了一个发售锦囊——提前锁客。

提前锁客不仅能帮助我们验证市场，还能最大限度地增加信任背书，为产品发售打下良好的基础。

01 最小链路策略

最小链路策略也称 D0 期模式，通过小而美的销售链路进行产品测试，从而达成我们想要的目标。

2022 年 5 月，我设计了一款产品“一起摸大象”，7 天时间带领大家读 7 份稀缺材料。通过共同阅读，每个人写下自己的心得、收获，群里的伙伴也可以互相激发，产品定价 199 元。我做这款产品的设想是，为后面做一个 100 天的阅读写作产品进行铺垫。

当时我用了最小链路策略，吸引了 20 多位小伙伴加入。D0 期结束后，我邀请他们写下对这个产品的反馈，同时发起了新一期的正式招募，有 50% 的小伙伴选择继续跟进。

打磨一款产品，在正式推广使其进入市场之前，可以用一个最小闭环模型进行销售测试，用最短的时间、最少的精力让用户有最大的收益。

02 分层定价策略

产品价格是影响发售的关键因素，给产品定价也是商品经济中最复杂的环节之一。在价格设计上，可以使用分层策略。

（1）内部价：针对与我们更亲近的铁杆用户，让他们享受更低的折扣和优先购买权。

（2）早鸟价：设置一个时间节点，在此之前购买的用户可以享受早鸟价优惠。事实上，这也是一种“限时”策略。通过设置早鸟价，能让用户提前抢购。

（3）倒计时价：在发售中经常会设置倒计时价，即经常会用到“倒计时涨价”策略。比如，产品定价 9800 元，但在发售期间仅售 6800 元，到某个特定的时间节点后恢复原价。

人都是厌恶损失的，在面对有内部价、早鸟价、倒计时价的产品时，总会觉得抢到就是赚到。

03 诚意金策略

发售高价产品时，时常会用到诚意金策略，即通过意向金模式先为用户锁定某项福利，再通过咨询或体验让用户决定是否付尾款。若服务双方认为彼此不契合，则费用原路返回，用户没有任何损失。

可以通过公开课、线下大课、一对一触达等形式向意向用户释放信号，用意向金模式提前锁客。通过这一动作自动筛选出意向用户。也可以在日常销售（日销）中通过私域对用户进行日常维护，释放一定的信号进行锁客，进而实现产品销售。

提前锁客策略事实上是一种发售前置思维，通过最小链路策略、分层定价策略、诚意金策略等，更好地促进销售，未战先胜。

实战作业 做一款最小链路测试产品。

第27计

数据报喜

越报越欢喜

你是否经常在朋友圈看到大大的红色喜报，隔着屏幕都能感受到喜气扑面而来，点开看到喜人战绩，然后被一种喜悦感冲击。

在发售过程中取得骄人战绩时及时报喜，能提升团队势能，扩大品牌影响力。厘清发售数据、结果、重大突破等，结合海报、文案等形式在朋友圈、社群、公众号等平台进行展示，能带给用户勇气、信心和希望。

（1）给人勇气：看到你的发售结果如此喜人，用户会备受鼓舞，有勇气发起自己的里程碑事件。

（2）给人信心：带给用户信心，让用户觉得，相信你、选择你的产品是一件非常幸运的事。

（3）给人希望：报喜会给人以希望，让用户感受到你的个人魅力和产品的美好未来。

01 直播型报喜

在直播间或公开课上通过口播、专属海报等形式报喜，主要为购买产品的用户安排专属仪式，比如，可以口播话术“恭喜 ×× 购买了产品，2024 年一起携手前行”，也可以为用户送上一首专属歌曲或一份专属礼物等。

同时，利用从众效应，在社群内发起购买接龙，让用户真实地感受到产品的受欢迎程度。

02 分享型报喜

准备一份分享文案，重点突出发售取得了哪些结果、成绩，总结做对了什么，和大家分享用到的方法、策略、技巧，尽量给人以启发。分享结束时展示一张大大的喜报，呈现发售的喜人成果。

03 感恩式报喜

感谢那些给予帮助的人，在向他们致谢的同时，把取得了什么样的成绩、影响了多少人次、得到了哪些提升一一汇报。这样不仅能与很多人再次产生连接，还能让用户感受到你是一个懂得感恩的人。呈现形式包括社群分享、公众号专属感谢信、线下感谢信等。记得给要感恩的人送上一个专属红包，同时在社群内发一个可多人领取的感恩红包，让每个人都可以沾沾喜气，感受你的那份喜悦。

04 庆功式报喜

在发售中段或末尾举办一个庆功仪式，让用户收获意外惊喜。

2023 年 9 月 17 日，王子冯在其私域创富闭门会的结尾为大家准备了一个大大的惊喜蛋糕。蛋糕从会场外被缓缓推进来，伴随着惊喜气氛，她为操盘手、团队成员、会场工作人员等都送上了聘书或锦旗，邀请现场所有学员共同参与、见证。那一刻，现场所有人都感受到了喜悦。摄影师拍下了这些动人的时刻，很多人都在朋友圈发布了相关照片，以分享这份喜悦。

除了线下庆功，在线上社群中也可以举办庆功仪式。下面我们来看一个例子。

（1）开场致辞：社群负责人致辞欢迎，介绍庆功仪式的目的和重要性，简要回顾发售历程，感谢所有参与者的努力与贡献。

（2）战绩展示：通过精心制作的 PPT、视频或海报，展示发售期间的关键数据和亮点，突出显示销售业绩、用户反馈和市场反响。

（3）表彰时刻：对表现突出的团队和个人进行表彰，颁发虚拟奖杯和证书，邀请获奖者发表感言，分享他们的成功经验和心得。

（4）互动环节：开展线上问答，解答社群成员关于发售的疑问。设置小型的抽奖环节，增加庆功仪式的互动性和趣味性。

（5）未来展望：社群负责人分享未来的计划和目标，激励大家继续努力。邀请参与者提出建议和期望，共同规划未来的发展蓝图。

（6）庆祝时刻：播放庆祝音乐，全体参与者共同举杯（虚拟形式），庆祝这一辉煌时刻。

（7）结束语：再次感谢参与者的努力和支持，并期待下一次的相聚。

特别提示：请所有参与者提前下载并安装相关软件，确保庆功仪式顺利进行。仪式期间，请大家保持网络畅通，鼓励大家积极参与互动环节。

05 滚雪球式报喜

不断在朋友圈叠加数据进行报喜，这样不仅能让用户了解你的战绩、感受到你的喜悦，还能展示你的能量。

总结一下：报喜三部曲——数据、成绩、突破；报喜三件套——文案、海报、红包；报喜三重奏——社群、朋友圈、公众号。

实战作业

实践感恩式报喜，感谢最近一年帮助过你的人。

第28计

精力管理

能量成交的黄金密码

在发售期间，精力管理尤其重要。这里的精力管理分两个层级：一是个人状态管理；二是团队精力投入。

好的精力管理能确保你在长时间内持续输出高质量的内容，保持精力高度集中和情感投入，让用户感受到你积极的生命状态和极具吸引力的能量磁场，以此吸引更多的精准用户。

01 三个维度，做好精力管理

比时间管理更重要的是精力管理，拥有充沛的精力也是打造个人品牌的一个重要前提。在发售期间，你的个人状态、精神面貌、语言能量都对发售结果有着重要的影响。做好精力管理，我们要关注身体、情绪、心态。

1）身体

在发售期间保持状态的三字真经是：吃、睡、养。

（1）好好吃饭：选择健康、绿色的食物，在发售期间保证身体健康。发售期间工作量很大，需要注重维生素、蛋白质、能量等的摄入，尽量减少生冷辛辣等刺激性食物的摄入。

（2）好好睡觉：睡觉是恢复精力最直接的办法，堪称“大补丸”。发售期间更需要好好睡觉，这样才能有更好的精神面貌。保证充足且高质量的睡眠，是保持最佳状态的方法。

（3）好好休养：会休养才能更好地工作。养体态、养心境、养状态都很重要。比如，适当运动是一种休养，能让我们拥有健康的体态；适当放空是一种休养，能让我们拥有平和的心境，更好地思考和行动。

2）情绪

情绪良好的表现是情绪稳定。情绪波动不仅会让人感到不安、不适，还会产生严重的内耗，影响生活和健康，进而影响发售的节奏。掌握情绪调节技巧，如深呼吸、运动、冥想等，有助于控制情绪，避免情绪大幅波动，让自己变得更加稳定和平和。比如，在发售期间可以多听美妙的音乐，每天晨起用 10 分钟冥想，想象自己已经成功的画面。

3）心态

有一本很火的书《秘密》，书中讲述的是吸引力法则。作者认为，主宰这个世界的就是能量。当我们有积极的心态，有极度渴望成功的心理时，这种强大的吸引力会帮助我们达成目标。

保持精力充沛会让我们更专注、更好地达成目标。当身体健康、情绪稳定、心态良好时，能量始终保持在高频激发状态，这会让用户很容易感受到我们散发出的能量，进而被吸引，从我们身上汲取更多正向且积极的能量。

02 一个百分比，做好成交精力规划

发售是一个大型项目，在这个过程中需要做好精力规划。只有把精力用对地方，才能事半功倍。这里介绍 80% 精力成交法。

（1）发售前：将 80% 的精力用于准备工作，不打无准备之仗。重点进行资源盘点、发售目标制定、发售团队搭建、发售产品打磨、发售内容确认、发售策略设计等。准备工作做得越充分，思考就越清晰，发售的阻力也就越小。

（2）发售中：将 40% 的精力用于与客户建立信任关系，将 30% 的精力用于挖掘客户需求，将 10% 的精力用于促进成交。建立信任是发售的前提，是击穿发售业绩的“银色子弹”。挖掘用户需求是做到知己知彼的关键。做到这两点后，成交便水到渠成。

（3）发售后：由于发售已结束，此时可将 40% 的精力用于追销，将 40% 的精力用于复盘总结和沉淀经验，将 20% 的精力用于好好滋养自己。

事实上，精力是非常有限的，要想让能量始终保持在高频激发状态，精力充沛是第一要素。

03 三个妙招，让精力续航

这里介绍三个持续保持精力的小妙招。

（1）妙招一：一分钟内可以完成的事情不要等，马上就去做。去做，会让我们减少内耗。

（2）妙招二：找到一件自己喜欢做的事，持续做，滋养自己。比如练习书法、弹琴、摄影等，在这件事上让自己变得闪光。

（3）妙招三：确定一个人生目标，找到自己的大志。这个目标会让我们拥有源源不断的底层动力，激励我们不断地大步向前。

保持精力充沛，才能更好地成事，建议把精力管理写进日课。切记：好好养护身体，保持稳定的情绪和积极的心态，聚焦在关键事项上，充分展示自己的能量。

实战作业

写下你的精力管理日课并开始践行。

第29计 峰值设计

创造翻倍的利润

2018 年，我参加了一场名为“剽悍江湖牛人大会”的 300 人线下活动。那是我第一次接触“剽悍江湖”。当时，我被活动深深吸引，从一个陌生用户变成一个一见就爱、一进就买、迅速付费的铁杆粉丝。我连续 5 年为剽悍江湖的产品付费，而且始终坚持传播剽悍江湖的美名。

那么，剽悍江湖到底有怎样的魔力呢？

2020 年 5 月，我开始跟随剽悍江湖团队一起学习并参与线上 / 线下活动，我在这个过程中感受到了团队的创造力和峰值设计能力，每一场活动都堪称经典，值得细细拆解和学习。剽悍江湖的活动文化包括小红人文化、主理人文化、抢干活儿文化、铁军文化等，光参与过运营团队培养的就超过 7000 人。在不同的活动中，大家总能集思广益，共创共建，充分调动个人智慧。很多人慕名而来，学习剽悍江湖的活动设计理念，剽悍江湖的活动体验也被誉为“活动体验天花板”。

接下来我们将对其进行详细拆解。

01 把握三个黄金时刻，打造峰值体验

行为经济学家丹尼尔 · 卡尼曼是 2002 年诺贝尔经济学奖得主，他在著作《思考，快与慢》中提出，人类对体验的记忆由两个因素决定：高峰时的感受与结束时的感觉，这就是“峰终定律”。

人们对事物的记忆点往往就是发展高峰的体验、发展低谷的体验、临近结尾的体验，即“最高”“最低”“最后”的体验，而这些体验的时长、质量、占比对记忆几乎没有影响。达到发展高峰之后，事情的重点出现得越早，这件事给我们留下的印象就越深刻。

这里的“最高”“最低”“最后”，就是“黄金时刻”。

好的体验设计一定会反映在营收额增长上，体验设计不仅能让用户有感受，还能极大地影响用户做出消费决策。

（1）开始时的第一印象：不管是线上还是线下，当你能第一眼就认出一个人并喊出他的名字时，当你为他专门准备鲜花或接待仪式时，他一定会感受到被尊重，从而对你和你的产品有一个很好的第一印象。

（2）体验最满意时的印象：利用好发售过程中的动心时刻进行活动设计，比如举办颁奖仪式、进行舞台高光时刻展示、举办专属生日会、完成一次现场挑战、完成某项任务等，让用户收获前所未有的震撼体验，引发其内心的触动，激发其内心的力量。

（3）结束时的最后印象：活动结束后把用户送上车并目送他离开，或者专门为他举办离场仪式，大家共唱一首歌、共跳一支舞，让用户带着那种氛围和余音离开活动现场，用户的感受一定是不一样的。

利用好峰值设计，能让用户更温暖、更动心、更难忘、更有归属感。

02 三大思维，重新定义峰值时刻

这里为大家介绍重新定义峰值时刻的三种思维。

（1）塑造稀缺感：稀缺产品需具有排他性、难以复制性、不可替代性等特点，在发售中应利用好稀缺产品，关注稀缺价值、稀缺交付、稀缺玩法等。比如，大家都在做线上课程时，你却无比重视线下连接，这是稀缺的；大家都在策划低价发售时，你却走高价路线，这是稀缺的；明明是成年人的课堂，你却叫用户“宝宝”，带他们读绘本、打游戏，这是稀缺的；作为讲师，你不聚焦宣讲，而是听用户诉说，激发用户行动，与用户深度连接、共创美好，这是稀缺的。

（2）营造反差感：跳出固有常识，制造反常规的现象，就能形成反差感，引起用户的兴趣。用户总是喜欢惊喜、新奇、有创意的东西，一个产品如果能营造反差感，就更容易吸引注意力，使原本平淡的陈述变得更加高潮迭起。比如，在发售开始时开启产品“劝退”大会，这可能会让用户觉得很新奇。

（3）交付改变：这是一种 Before 和 After 的思维，会带给人巨大的震撼。比如，一个女生之前的体重是 180 斤，在参加你的减重训练营后，半年成功减重 60 斤，在大屏幕上投放她之前和现在的对比照，这种改变是不是很震撼人心？自然可以吸引更多有减重需求的潜在用户。

03 四种情绪，抓住峰值体验的核心

马斯洛的需求层次理论有一个重点：只要是未被满足的情感需求，就能改变行为。我们在做体验设计时，重点就是让消费者的情感需求得到满足。

（1）欣喜：让人欣喜，让人专注，给人带来享受、兴奋之感的活动更容易达成发售目标。

（2）认知：能够突破人们认知的活动体验，尤其是其中夹杂的醒悟、厌恶、心碎、狂喜等情绪，会让人铭记一生。

（3）荣耀：被尊重、被肯定、被看见、被认可是人类天然的情感需求，在这些时刻，人们会自然而然地产生自我满足感。

（4）连接：充分创造连接，当你和他人一起经历痛苦、实现目标时，群体感会让人们彼此靠近，有利于发售目标的达成。

实战作业 请描述最近一次让你动心的时刻。

第30计 近我者富

能和我成交
是你的幸运

在发售的过程中，我们要对自己的个人品牌，对自己的产品有足够的信心和底气。坚信：近我者富，能和我成交是你的幸运。

为什么需要这样的信心和底气呢?

首先，对自我高度认可，这是一种自信的表现；更重要的是，这是一种自身能力的体现和外化。

剽悍一只猫在《一年顶十年》中提到财富与影响力的终极秘诀是“甘为人梯、近我者富”。甘为人梯就是把自己当成梯子，帮他人爬上去；近我者富就是不断打造成功案例，让接近自己的人受益。剽悍一只猫本人也是这样一位甘为人梯、近我者富的超级智者，这些年他打造了很多成功案例。

01 对内自命不凡，对外震撼人心

这里的“自命不凡”指的是你要足够自信，这样你才能对外发布震撼人心的内容。这个过程涉及一些关键点，具体如下。

（1）自我介绍：准备两份自我介绍，一份为简短的文案，有标签、照片和突出个人成就的事件；一份为详细的个人品牌故事，通过成长路径、成事方法、成功案例、业务模块让大家迅速认识你、了解你。这两份素材在发售期间不仅会被你自己反复使用，还会通过不同的链路被传递给用户，增加用户对你的了解。

（2）专业内容：在专业积累上，写书是输出个人专业能力的一条路径；也可以把个人专业能力、个人品牌故事、成功案例做成小册子，作为传播素材、验货素材，让更多用户认识你、了解你。比如，在我写这本书之前，我编写了《一伊操盘手工作手册》，用在发售、培训、与人连接的场景下，很多人通过这本小册子找到我并与我成为合作伙伴。

（3）震撼事件：不断积累和打造震撼事件，让自己成为行业的最优人士。震撼事件可以是发售拿下的超级战绩，也可以是真正打造出的成功案例，还可以是在专业赛道上取得的傲人成果。

02 相信我，我能帮到你

“相信我，我能帮到你。”这句话不是一个口号，而是一种由内而外的自信——正好你需要，正好我专业。

要让自己成为教学体系，成为很多人的榜样和学习模板。可以通过“5LI 模型”更好地呈现自己能如何帮助他人。“5LI”即例、理、力、丽、礼。

（1）例：成功案例。从不同维度展示成功案例，告诉用户，有些人在你的指导下取得了突破性的成果，产生了惊人变化。成功案例分三种，具体如下。

第一种，经过你的指导，用户获得了实际成果，比如业绩提升了多少倍，得到了哪些合作机会，新增了哪些专业背书等。

第二种，经过你的指导，用户有了巨大的改变，比如变瘦、变美、变富裕，家庭关系变得更和睦等。

第三种，经过你的指导，用户获得了内在提升，比如因为你的推荐或帮助获得了专家背书、行业资源、升迁机会等。

（2）理：理论体系。在专业的呈现上，要有足够的积累，形成属于自己的理论体系。

（3）力：给人力量。说话一定要给人信心和力量，不要经常用“可能”“大概”“也许”这样的词语，也不要经常用“吧”“吗”这样的语气词。“下一位，小彤吧……”和“下一位，小彤！”会给人两种完全不同的感受，后者明显更坚定，更能给人力量。

（4）丽：形象美丽。你的形象代表了你的品牌，一定要重视自己的妆容、发型、服饰和身材管理。每次出现在学员面前时，你都应该形象得体、精神抖擞。

（5）礼：不吝送礼。每次和用户产生连接时都要为他送上一份礼物，同时要把自己活成一份礼物，甘于奉献自己，给他人带去信心、勇气和希望。

03 四种承诺，实现风险逆转

用户在购买产品时总会有疑虑，那么如何通过具体的行为更好地告诉用户“能和我成交是你的幸运”呢？接下来我们拆解四种风险逆转策略，让你有足够的底气告诉用户——我的产品值得信赖。

（1）零风险承诺：零风险承诺就是让用户相信你的产品或服务没有风险，或即使产生风险也可以得到相应的补偿，目的是让消费者放心购买或使用产品。比如，承诺如果对产品不满意，7 天内可以无理由退款，消除用户的后顾之忧。

（2）负风险承诺：负风险承诺是一种补偿性承诺，其本质目的有两个，一是降低用户的选择成本，二是快速提升用户的信任度。比如，承诺用户可以在付款 48 小时内申请退款，不需要任何理由。

（3）双倍式承诺：双倍式承诺是指，如果没有按之前的承诺交付产品，则在有效期间内双倍退还费用。

（4）返还式承诺：返还式承诺是指，提前缴纳一定数额的定金锁定某项福利，经过双方的验证后，若未能达成成交，定金可以原路返回，但福利照样送，用户没有任何损失。

根据产品及其特性的不同，应采用不同的风险逆转策略，更好地帮助用户做出选择，从而提高转化率。

实战作业

重新准备一份自我介绍。

成势篇

成势篇

① 发售地图

- 做加法：检查、团队沟通、用户体验、专业维度
- 用减法：没必要的开支、没必要的流程、没必要的负担
- 做乘法：广告位、共赢成长
- 用除法：
  - 玻璃心
  - 猜忌心
  - 随意心

② 持续复盘

- 三个字：盘、拆、用
- 三个模型：要感动、苹果穗、发售日记
- 一个行动：复盘分享

③ 尖叫交付

- 三心二意：
  - 细心、用心、诚心
  - 善意、创意
- 三大心法
  - 把别人的顶配做成自己的标配
  - 把毛坯般的承诺做成精装交付
  - 把快速的成长变成极致的迭代
- 三大秘籍：共建、共创、共赢
- 一个规则：好的、守护、激励

④ 大量重复

- 敢于重复：
  - 个人品牌故事
  - 精彩文案
  - 用户拒绝
- 重复去做
- 三大策略：
  - 短时间内高频
  - 长线战略重复
  - 经典案例持续

⑤ 感谢禅

- 专属：感恩环节、感谢信、感恩礼、感恩宴
- 被尊重、被看见、被认可
- 说感谢，随时

⑥ 复利效应

- 以一抵万：真人秀学习法、1年转化率、做个生意人
- 一份叮嘱：不盲从、不迷信、不迎合、不着急
- 三种思维：水库思维、增值思维、升级思维

第31计

发售地图

业绩倍增的导航仪

2020—2022 年，我操盘了很多场线下活动，每次活动都会有一个细致的 SOP（标准作业程序）。2022 年 3 月，由于疫情影响，很多线下活动无法开展，我用自己的发售模型跑通了线上发售逻辑，沉淀了属于自己的发售地图，并借助发售地图帮助数十位 IP 取得了突出的销售业绩。在这个过程中，我发现，一个清晰的发售地图会帮助我们顺利达成目标。

去向目的地，使用精准的导航仪会事半功倍。在我操盘了近百场发售活动后，我发现，要想在团队协调、目标确定、物料采购等方面做好安排，最好的方式就是遵循清晰的发售地图。

发售地图因人而异、因时而异、因团队而异，一定要用自己喜欢且擅长的形式设计发售地图。应该通过发售大事件去沉淀属于自己的发售地图，把好的经验总结并沉淀下来。

01 做加法

好的发售地图中应具备六个关键要素：明确的目标、细化的时间节点、清晰的团队分工、合理的物料设计、详细的采购清单、具体的执行动作。精细化的发售地图一定不是一个人就能做出来的，一定要团队成员集思广益，共同研发、探讨、设计、执行、检验。

（1）给检查做加法：对外发布的数据、海报上的话术、宣发用的文案、对接的嘉宾名单等一定要多次检查，通过严格的把控确保细节精准落地。

（2）给团队沟通做加法：招募有意向的人参与项目，让更多人有机会发挥自己的优势，发光、发亮影响其他人。团队向这些人传达的信息、具体的运营细节等一定是经过多次沟通和确认的，要保证信息一致。切忌“我以为”，切忌沟通不到位，切忌放弃沟通。

（3）给用户体验做加法：从用户体验出发，多方面思考，如何展示自己的优势，如何展示团队的用心，如何让用户了解你、信任你、喜欢你且愿意为你付费，在这件事上要做足加法。

（4）给专业维度做加法：沉淀、总结自己的专业经验，打磨方法论。在呈现方式上要做到极致，让用户认识到，在这个领域，你就是最佳选择。

02 用减法

对于复杂的发售系统，如何化繁为简？那就是用减法，把复杂的细节留给操盘手去落实，把简单的动作留给团队去执行。

（1）减去没必要的开支：做发售要有轻创业思维，不要为了达到效果而铺张浪费，一定要做好预算与费用把控。

（2）减去没必要的流程：在操盘实战中，IP 不同、产品不同、市场不同，因此绝对不能套用同样的发售模板，要根据实际情况及时调整发售方案。一定要大胆减去没有必要的流程。

（3）减去没必要的负担：在发售中，学会分担很重要。要学会拆分任务，把团队调动起来，激发团队成员的潜能，合理地为每个人安排岗位。如果能力允许，可以一人多岗。

03 做乘法

我们知道，乘法在很多时候会带来比加法更显著的加成效果。

在发售过程中，我们要学会做乘法，将发售的势能进一步放大。

（1）在广告位上做乘法：在发售期间，要用好所有广告位，将宣发和展示做到极致，让平台间的势能彼此成就，而不仅仅是多平台叠加宣发。

（2）在共赢上做乘法：积极调动和团结一切可以团结的人。要知道，好的关系往往都是“麻烦”出来的，要通过发售主动创造机会，连接更多人。

（3）在成长上做乘法：团队的成长、自我的成长都是无价的，在个人成长这件事上一定不要把主动权让给他人，要通过大型发售培养备课式思维，把成长过程中每个阶段的进步都当作案例或教学素材收集起来。

04 用除法

这里的除法更多是指“去除”影响发售结果的情绪因素。很多时候，细微的心理变化会对结果产生巨大的影响，我们要尽可能将这种影响降至最低。

（1）除掉玻璃心：发售时切忌玻璃心。当你选择成长，选择突破，选择引领更多人向上时，你势必要承受压力，这时玻璃心就和你无关了。

（2）除掉猜忌心：信任你的操盘手，信任你的团队，信任那些能帮助你的人。高频沟通，真诚地表达你的需求，不要在猜忌中盲目前行。当你更笃定、更有信心时，全世界都会给你让路，帮你达成目标。

（3）除掉随意心：要对自己的发售目标负责。勇于承担责任，不要随意更改发售产品，不要随意更改发售目标，更不要随意更改发售节奏。坚持“三不原则”——不抱怨、不推卸、不逃避。

扫描二维码，关注公众号“一伊说”。
回复“地图”，获取“发售地图”。

实战作业

策划一次发售，准备一个属于自己的发售地图。

第32计

持续复盘

深度挖掘
黄金万两

会复盘才能翻盘，复盘可谓一种超能力。复盘不仅能确认收获，还能积累大量的用户反馈，实现与用户的深度连接。

用持续复盘实现商业掘金，是最好的成长路径。

01 三个字，让复盘更有深度

我们对复盘过程进行拆解，总结出三个字：盘、拆、用。

（1）盘：盘点。从起势、造势、借势、用势、成势五个阶段盘点团队履责情况、公开课效果、宣发效果、转化成果等。在这场发售中，哪些是做得特别好的，哪些是可以沉淀为 SOP 的，哪些是待改进的……复盘，盘的是颗粒度，只有对每一步都进行精确控制，才能复制成功。

（2）拆：拆解。第一种拆解是分时段、分团队、分维度拆解，比如，在第一天的公开课结束后迅速复盘、迅速迭代；或通过一个大事件，组织核心团队复盘、实战团队复盘、操盘团队复盘、全员复盘，让不同的责任人从各自关注的维度进行复盘，定义发售的价值。第二种拆解是按模块、按项目拆解，比如，在成交环节中复盘哪些动作有效；拆解项目流程并针对各个流程逐一复盘。

（3）用：使用。第一种使用是把复盘结果当作教学素材、课程或交付成果使用，比如，在活动结束后发起专门的复盘环节，将复盘结果当作本场活动交付产品的一部分，让大家对活动结果知其然且知其所以然。第二种使用是对复盘结果进行收集和整理，取得授权后当作宣发素材使用。第三种使用是把复盘结果形成文字，用作分享资料，发布在公众号等平台上。

02 三个模型，让复盘更轻松

复盘的场景非常多，即便是平日的灵光乍现也可以拿来复盘。

> 《论语》中有云：
>
> “吾日三省吾身：为人谋而不忠乎？与朋友交而不信乎？传不习乎？”

这就是复盘，且一日多次复盘。这里与大家分享三个复盘模型，在发售期间可用于学员和用户复盘、内部团队复盘等多个场景。

1）“要感动”模型

（1）要：要点，即对你来说最重要的、最能提升你认知的内容，比如，收获的金句、引人深思的观点、令人震撼的故事等。

（2）感：感受，指参与发售时最深刻的感受。人往往很难记住具体发生了什么事，却很容易记住当时的感受，开心、快乐、感动、痛苦……

（3）动：行动，指接下来要做的事。有意义的复盘一定是带着行动目标的。通过复盘，除了要总结经验，还要获得成长和突破，让自己为了达成更远大的目标而行动起来。

2）“苹果洋葱”模型

（1）苹果：发售中做得好的地方，值得人学习的点。

（2）洋葱：需要持续改进的点。

在对发售进行复盘时，可以按下表中的流程进行，这是对“苹果洋葱”模型的实践。

流程	环节	备注
摘苹果	参与这次发售，令你印象最深刻的三点是什么？	每人3~5分钟，讲细节
	在这次发售中，你获得的最大突破和成长是什么？	每人3分钟
送苹果	参与这次发售，你在谁的身上，学习到了哪些优点？	每人2分钟
剥洋葱	如果这次发售中有需要改进的地方，你觉得是什么？	每人3分钟
吃苹果	接下来你一定会去践行的方向是什么？最多三点	每人2分钟

通过正向激励，更好地调动大家的感受，能让大家吸收有用的知识点，进而有所思考、有所行动、有所改变。

3）“发售日记”模型

记录发售期间每日的所思、所想、所行，结合发售地图，形成发售日记。通过整理和记录发售日记，将每天的思考融入接下来要实践的策略与妙招。这样的复盘模式更及时、更高效、更具体。

扫描二维码，关注公众号“一伊说”。
回复“日记”，获取“操盘手工作日记”。

03 一个行动，让复盘变出黄金

在发售期间，激发出一个行动，能够让复盘变出黄金。这个行动就是将复盘方法及复盘结果分享出去。做一次，盘一次，用一次，形成闭环，用行动“倒逼”思考，用行动促进成长。

2022 年 3 月，我做了一场“12 小时生日直播”大事件，直播间销售业绩达到 51 万元。做完这场活动后，我迅速发起了一堂针对本场活动进行复盘的公开课，课程定价为 199 元，吸引了上百人前来围观学习。很多学员现场报名了我的操盘手私教班跟我学习发售，有的 IP 直接邀请我作为其“百万发售”项目的操盘手。

用好复盘策略，不仅能对经验进行沉淀和总结，让你和团队快速成长，还能吸引优秀同行和精准用户，实现业绩增长。

实战作业 选择其中一个复盘模型，完成一次活动复盘。

第33计

尖叫交付

提高转介绍率的制胜法则

尖叫交付，也称超预期交付，即交付结果永远超出用户的期待。让用户在产品交付中感受到被尊重、被需要、被看见，可以加强我们与用户之间的连接，增强用户黏性，培养用户习惯。

01 “三心二意”，让交付更有温度

每个打造个人品牌的人都有自己的交付标准、交付模式、交付界限和交付规则，千万不要为了迎合市场而改变自己的初衷和初心，建议保留以下“三心二意”。

（1）细心：对每一个交付环节都细心打磨、检验、核查，让用户感受到你的工作颗粒度之细。比如，可以设置专属的服务人员，给用户专属的活动提示和信息触达，让用户感受到温暖。

（2）用心：和对的人在一起是一种享受，每一个来到你身边的用户都是天使，要用心对待每一个用户，真诚感受他的需求，关心他的变化和成长。这份用心，用户是可以感受到的。

（3）诚心：要做到真诚，不撒谎。在交付的过程中，说你所做，做你所说，交付你可以交付的。

（4）善意：要让用户最大限度地感受到你的善意，让他们在语言、行动中时刻感受到向上、向善的力量。

（5）创意：在交付中设计有创意的玩法，让用户感受到用心和诚意，同时让他们感受到你的才华和能力——还可以这样，好棒！

2024 年 4 月，我在为某 IP 操盘 150 人规模的线下闭门会后，收到许多正向反馈。

有人说：“体验感太好了！”

有人说："一伊真是生命式操盘手，太让人震撼了！"

也有人问："你是怎么做到的？"

接到这个案子时，为了更好地走近 IP、了解 IP，我和我的团队对其朋友圈、视频号、小红书账号进行了深度围观，抓取重要的故事和素材，为发售和策划活动做了精细的准备工作。我带着团队亲自去拜访 IP，了解她的创业故事、发售初心、商业模式等。

在操盘的过程中，双方团队每天都会组织至少一次项目沟通会，针对发售目标、活动流程、活动内容进行细致的沟通、打磨和思维碰撞，两个团队间由此形成了默契。

在活动现场，我们把 IP 的个人品牌故事、发售初心通过剧本演绎的方式进行传递，运用道具、灯光、音乐、鲜花、礼物等，结合关键人物将活动带入高潮，给予现场所有人惊喜和感动。IP 本人更是感动到哭花了妆容，她说："我连在自己的婚礼上都没有这样感动过！"

做操盘手，业绩很重要，但更重要的是用爱对待每个人。当你在操盘中融入爱的时候，你收获的一定是更多的爱。

02 三大心法，让交付更有底气

在市场竞争很激烈的情况下，想要提升用户体验，增强用户黏性，需要花心思、重连接、创结果，要用事实说话，用行动表达，用案例呈现。

参考以下三大心法去做，能使你在交付过程中更有底气。

（1）把别人的顶配做成自己的标配。

（2）把毛坯般的承诺做成精装交付。

（3）把快速的成长变成极致的迭代。

发售结束后，重点在于做好交付。让用户有即时的收获感和满足感，产品实力和交付模式达到预期，自然而然会创造好的口碑。

谁来交付，很重要；交付质量如何，很重要；交付结果如何，很重要。很多人买一个产品或一门课程，最看重的都是谁来交付，以及从这个人身上可以收获什么。所以，要重视交付体验，进行快速迭代，实现高速成长，做用户的领跑者。

03 三大秘籍，让用户反客为主

提升用户满意度最重要的一点是深度参与。只有让用户深度参与才能引起他们的重视，让他们将更多的时间、精力和注意力投入项目。

在深度参与的过程中，用户可以深度体验产品设计、环节打磨、流程策划的过程，甚至可以做到自我交付。基于共建、共创、共赢这三大秘籍，用户体验将得到切实的提升。

（1）共建：用共建模式完成学习和迭代，比如，让用户在项目前期与主创团队一起策划、一起迭代流程、一起细化交付标准，这会让用户的参与感更强，也会让用户更有成就感。

（2）共创：通过集思广益，汇集集体的智慧，团结大家的力量一起创造结果，这个过程会迅速拉近用户和你的关系。

（3）共赢：通过不同的维度、不同的形式实现多方共赢，让用户体验到不同维度的收获，形成 IP 与用户共情、共识、共生的关系。

通过共建、共创、共赢，用户会产生“主理人”思维，也会自发地认可和喜欢你的产品。

2023 年 12 月，私人财富顾问释予欣举办了一场规模达 300 人的线下活动，活动前她通过发起赞助迅速地连接了一大批人，开启共赢模式。

在参加活动的 300 人中，近 30 人成为活动的主理人，他们提前两天来到活动现场做准备工作。其中 3 人付费 18888 元，成为她的首席赞助人；近 20 人付费 3980 元，成为她的天使赞助人；更有很多盟友通过赠送礼物、捐赠图书等形式赞助了这场活动。

你以为故事到这就结束了？并没有！在活动现场，释予欣给每位赞助人赠送了海南深度游学之旅，现场的每个人都感受到了这份流动的爱意。他们怎么也没有想到，自己的一个赞助举动会收获更多的爱的回流。

释予欣积累的人脉非常广，她是一位非常讨人喜欢且让人想要接近的好老师。她始终践行“与人共赢”的商业模式。最终，这场活动取得了空前成功，做到了不销而销。

04 一个规则，让交付更有边界感

在产品交付与用户连接的过程中，有一个非常重要的细节，就是规则感和边界感。你需要在保留规则感和边界感的前提下，让大家实现共建、共创，最终实现共赢。

设置规则很重要，确定交付的边界也很重要。发售及交付时，有哪些是不可为的，一定要专门同步给用户，让用户共同遵守规则。

（1）克制：不是一味地满足用户需求的交付就是好的交付。懂克制，是一种更高阶的能力。

（2）守护：适度的边界感需要大家共同守护。在有序的交付过程中，遵守规则非常重要。

（3）敬畏：敬畏边界、敬畏规则，是长久共赢的前提。

当你有了自己的规则感和边界感时，用户也会更重视、更尊重你，并且更支持你的决策。

实战作业　回忆让你尖叫的用户交付，并记录下来。

第34计 大量重复

牢记重要的营销动作

一提到脑白金，人们就会想到那句广告语“今年过节不收礼，收礼只收脑白金”，然后脑海里也会浮现出两个卡通形象，一对老头老太太。因为被脑白金广告“洗脑”，以至于逢年过节送礼之时，人们总会不自觉地想到脑白金。脑白金就这样进入了消费者的心智。

我相信这个案例也深深进入了你的心智。无论做什么产品，都要重复推广，让产品进入消费者的心智。人的视觉、听觉、味觉、嗅觉等都需要感受重复的刺激，这样人才能产生深刻的印象。

重复是一种营销策略，通过多次呈现品牌信息和形象，可以增强品牌在消费者心中的印象和认知；重复是一种互动策略，通过多维度呈现产品卖点和特性，可以强化产品在用户意识里的功效；重复是一种连接策略，通过高频次触达，可以提高用户的决策能力。

01 敢于重复，直到成交

很多人总喜欢使用新素材，认为要给大众带来新鲜感，殊不知，在注意力稀缺的年代，敢于重复就是塑造经典。

（1）个人品牌故事重复：通过个人品牌故事可以让用户快速认识你、了解你。准备好个人品牌故事，高频发布在朋友圈中，还要不定期地更新里面的数据和重要事件。比如，2020 年我付费 30 万元，经历 10 个关卡（考核），输出近 10 万字，最终从 47 人中脱颖而出，成为剽悍一只猫的助理。因为这个故事被多次传播，我也被更多人认识且记住。

（2）精彩文案重复：打磨一份精彩的文案，反复且不断地讲，在公开课上讲，在盟友邀约分享时讲，直到里面的内容跟你强绑定，这能不断强化用户对你的认知。

（3）用户拒绝重复：不要害怕被用户拒绝，也不要害怕用户的审判，这些都能促使你不断进步。

02 重复去做，征服用户

调查显示，有 80% 的购买决定是在第 5 次拜访之后做出的，而 80% 的人都没有触达用户 5 次，在此之前就放弃了。

当你想要发售某款产品时，一定要搞清楚这款产品适合哪些人，然后让产品频繁地出现在这些人的视线中，通过宣发、讲解、邀约、互动的形式触达目标人群，提升用户感知与用户体验。

另外，发售操盘团队的宣发造势组会专门提供宣发素材，通过实战营、宣发战队、社群运营等多条渠道传播素材，为发售造势，这也是重复做事思维的体现。

当一款产品高频出现在很多人的朋友圈时，一定能引发关注，且能让用户对品牌势能有强烈的感知。

03 三大策略，将重复落地

永远不要高估你个人及你的品牌被大众了解的程度，在品牌宣传、产品介绍、产品销讲及需求转介绍等方面，巧用重复策略可以帮助品牌“出圈”。

（1）短时间内高频法：在较短的时间内通过一定的策略将信息多次传递给用户。集中在某段时间内，不断重复，向下深挖。举个例子，参加线下大课时，你会发现接待你的小姐姐穿着统一的品牌色系服装，会场主色调也是品牌色，产品 LOGO 会密集地出现在现场物料、宣传册、宣传片中，短时间内，品牌色和产品形象便被植入了你的心智，从而使你与品牌产生了连接。比如，“IP 变现要落地，操盘必须找一伊”这句宣传语高频出现在我的视频号、公众号、朋友圈等平台，能够吸引更多的精准用户主动与我连接，请我为他们的活动操盘。

（2）长线战略重复法：打造个人品牌是一个动态且持续的过程，需要有长线战略。在长线布局上可结合搜索引擎，管理好自己的百度、知乎、简书等平台的广告位，做好持续宣传。

（3）经典案例持续法：把自己当作奢侈品进行打磨，创造经典案例，并将这些经典案例持续通过不同的渠道进行宣发。比如，我们经常在机场看到华杉与华楠两兄弟的照片，这么多年，还是那张照片，其作为品牌资产被大量重复使用、持续宣传，堪称经典。

请重视重复的力量。事实上，在重复这件事上，我们做得远远不够。

实战作业

请罗列你可以重复使用的素材。

第35计

感谢名单

通过各种方式表达感谢

2022 年 2 月，我为品牌顾问秦阳操盘了一场个人品牌方法论闭门会。活动结束时，他不仅给操盘团队颁发了表达感谢的专属证书，还给摄影团队、速记团队、会场工作人员全都准备了证书并安排了感谢环节。在那一刻，很多人都感受到了爱的传递，同时感受到了秦阳和操盘团队对所有人的努力和付出的认可。

一场大型活动的背后，一定有一支超能团队在托举，他们紧密团结、高效配合、日夜作战，确保活动圆满成功。

这些人，当然值得被看见。那不如通过各种方式对他们表达感谢，让爱流动起来。

01 说感谢，不只有语言

在你需要的时候愿意站在你身后的人，你应该通过各种形式对他们表达感谢。

（1）专属的感恩环节：在活动结束前安排感恩环节，表达专属感谢，这是极其令人暖心的举动。

（2）专属的感谢信：认真感谢每一个为你助力的人，尝试亲笔写下你的感谢，用文字传递情感、传递真心。

（3）专属的感恩礼：挑选一份适合的礼物送给支持你的人，用礼物传递你的感谢。

（4）专属的感恩宴：诚恳邀约并精心准备一次宴请，请给予你帮助的人好好地吃一顿饭。

02 说感谢，不只是同框

不能仅用一次同框机会来表达感谢，而是要付出实际行动，主要是让他感受到被尊重、被看见、被认可。

（1）被尊重：尊重所有人，也尊重你自己。

（2）被看见：让值得感谢的人的名字出现在聘书、奖杯、公众号、朋友圈、视频号里面，让他能够被更多人看见。

（3）被认可：一句感谢，力量万分，要充分认可帮助你的人。

03 说感谢，不只是现在

稻盛和夫在《六项精进》一书中指出：付出不亚于任何人的努力；要谦虚，不要骄傲；要每天反省；活着，就要感谢；积善行，思利他；忘却感性的烦恼。

做任何事情，我们都要承认运气的存在，因此，活着就要时常感谢命运的馈赠。我们也通过自己的不懈努力，在一次次洗礼中完成了自我飞跃和团队升级，因此，我们也要时常感谢自己。

此刻，请感谢世间的一切，感谢自己。

扫描二维码，关注公众号“一伊说”。
回复“感谢”，获取一伊的大事件感谢文。

实战作业

请认真列出你的感谢名单，用行动感谢你想感谢的人。

第36计 复利效应

用实战迭代成长

通过一次发售，可以实现多维度的迭代和成长。发售不仅是一项技术，还是一门艺术——带团队的艺术，团结一切可以团结的力量的艺术，销售的艺术……

你会发现，通过发售，你能够在极短的时间内迅速实现个人迭代和成长，你能够重新认识营销，你能够多维度收获复利。

01 以一抵万的进步法则

发售是一次多维度的升级，是以一抵万的进步法则。我们在发售中思考，在发售中成长，也在发售中迭代。

（1）真人秀学习法：在真实的人、事、物、场中实战，要把发售当作真人秀学习，不断积累，实现自我成长。在成为更好的自己这件事上，没有人比你更优秀。将自己的成长过程产品化，是“倒逼”自己进步的高级法则，在这个过程中追求的是突破。

（2）十年转化率：不要一味地追求一时的转化率，而是要把目光放得更长远，一步一个脚印走得更踏实。重视迭代成长，重视用户口碑，重视极致交付，相信我们的黄金时代即将到来。

（3）做个生意人：最好的进步法则就是通过自己的成长好好和这个世界做交换。发售是一次改变自己的过程，在金钱关系、人际关系中升级，和不同的人以不同的形式进行思想交换。做个生意人，不仅要把产品卖出去，还要把自己推销出去，让自己变成人群中的“刚需”，找到人生的价值。

保持正心正念，坚持下去，只要时间足够长，你一定会收获惊喜。

02 一份叮嘱，重新重视发售

做操盘手这几年，我总结了“四不”。此刻，我将它们分享给你。

（1）不盲从：要想实现“百万发售”，千万不要盲从。不要看到身边很多人通过一个策略拿到结果，就误以为自己也可以复用。发售是一次通关考试，在没有做好全方位梳理时，不要跟风。要结合自己的实际情况，找到专业的操盘手进行系统分析，确定适合自己的发售战略。

（2）不迷信：不要迷信任何发售方式，即便有些发售方式已经被无数人证明很好。做发售需要有牵一发而动全身的系统思维，涉及的资源、人员、策略的颗粒度很细，因此要懂得随机应变，不能墨守成规。

（3）不迎合：不要因为别人的成绩、战果而感到焦虑，要保持自己的节奏，不为了迎合市场、迎合用户而轻易行动。

（4）不着急：不要急于求成，欲速则不达。事实上，打造个人品牌最关键的就是——不着急。每个人都有自己的花期，你要相信，如果你是蜡梅，自然要经历严寒和白雪，大可不必与百花争艳。

03 三种思维，种下复利的种子

要想收获复利，需要培养以下思维。

（1）水库思维：松下幸之助先生曾介绍过一个非常有名的概念——水库式经营，意思是说经营要像水库储水一样，储备能量、储备资源、储备人才、储备资金等。发售结束后，要沉淀经典素材、优秀经验、营销案例，形成属于你的“错题本”。通过水库思维，更好地积累和沉淀资源。

（2）增值思维：发售是一个利于个人品牌发展、利于人和人之间产生连接、利于自我成长和进化的工具。通过发售，你可以实现品牌全面增值。恭喜你，经历发售后，你会变得更值钱。

（3）升级思维：恭喜你，此时此刻，你已经对发售有了全方位的认识。一个有系统架构能力的人就像航空母舰，你接下来要做的是把你的方法论进行总结和沉淀，然后分享出去。分享是实现思维升级的好办法。

写到此刻，我最想说的一句话是——

一个人之所以可以持续拥有大量的财富，是因为他可以用最短的时间为最多的人提供最高的价值，让他们安心、安全地享受，而自己只收取少量的报酬。

操盘手如此，打造个人品牌的你亦如此。

实战作业　读完本书，请写下你的反馈。

后记

唯有经历过黑夜，才能真正意识到白昼的美好。

在追逐商业成功的路上，我似一名无惧无畏的勇士，翻山越岭，只为抵达心之所向的终点。当攀登至山顶，迎接旭日东升的那一刻，晨光洒在身上，所见之处皆散发着灿灿光芒，我对生命的意义也有了一层更温柔的理解。

我在商业道路上不断修炼自己，不断探索人生的意义，一次次勇敢尝试，找寻人生的价值。在这个过程中，商业也给了我面对生活的莫大底气，不论生活以痛吻我，还是对我报之以歌，我都能以一颗坦然自若的心去面对，做到宠辱不惊，让自己活得内在丰盛、外在富足。

没有人知道，在这条追逐成功的路上，一名女性应该以怎样的姿态面对未知的种种，应该以怎样强大的内心面对生活的酷暑严寒。

如今我撰写了这本关于百万发售实操秘籍的书，很想敞开心扉跟你讲一讲，这些年，我是如何靠自己一步一步在商业道路上追逐成功的。

以爱之名，父亲为我种下商业种子

1986 年，我出生在湖南湘乡的农村。小时候的我无比幸运且幸福，因为我有一位深谙做生意之道的父亲，他赚到人生的第一桶金之后，回到家乡盖了一座小洋楼，成了村里的首富。

作为“首富千金”，我的童年生活与其他小朋友有些不一样。在其他小朋友玩泥巴的年纪，我便早早接受了商业熏陶。我每天都会看到父亲带领全村人去跑工地、包项目、做工程、挖煤矿，和不同的人谈生意、谈赚钱。

看到父亲在生意场上英姿飒爽、指点江山的模样，我觉得他真是一个超级英雄，守护着我们这个小家，让我们在生活中有足够的安全感。

父亲不仅在商业上颇具智慧，他教育子女也颇有方法。

为了做生意方便，家里购置了一辆中巴车。每逢周末，父亲必定要抽出时间带我去看看外面更大的世界。他还会牵头做善事、施善缘。有一次，父亲看到顶着夏日酷暑卖鱼苗的人，心疼其不易，便把全部鱼苗买下来让对方赶紧回家。每次捐资助款，父亲都是捐得最多的人。

他认为，言传不如身教。潜移默化、耳濡目染的影响才更深远。

的确如此，我的商业天赋在高中时便体现得淋漓尽致。

高中住校后，我敏锐地嗅到了商机。我和一名同学合作，她帮我在校外进货，我在班级和宿舍卖零食。每到下课，同学们就会一股脑儿地涌到我的座位前买零食。上午一批、中午一批、晚上一批……五毛钱、一块钱、两块钱……没过多久，我就靠自己实现了创富，成了学校里伙食最好的人，也成了学校里最先拥有 BP 机的人。

随着对商业的深入探索，我曾一度把商业思维用到极致。

我是美术生，在艺考时，我发现很多艺术生经常需要化妆、盘发，于是我联合宿舍的三名同学，开启了我们的团队创业之路。我负责设计海报和招揽客户，她们三人中的两人负责化妆和盘发，另外一人负责记账。我们还启用了分钱机制，我把大部分钱都分出去，共同创富。我的生意做得红红火火，很多人见到我都会喊我“富婆一伊”。

我成了父亲的“迷你版”，而父亲的商业智慧也被我很好地继承下来，影响了我往后的人生。总结来说，我觉得自己的商业智慧可以概括为以下三条：

第一，敢想敢干。
第二，团结一切可以团结的力量。
第三，与人为善，广施善缘。

我往后的每一步，也都与这三条商业智慧息息相关。

深圳寻梦，却被生活狠狠吊打

尝到了商业带来的甜头后，我的野心也变得更大。但我着实高估了自己的能力，虽心向远方，却不知远方多荆棘。

大学毕业后，我被学校分配到一所中学当老师。这本来是一个很宝贵的机会（全校只有两个名额），可我一心想去深圳——很多同学口中“用一个扫把就能扫到钱的地方”，我想闯出属于自己的一片天地。于是，在学校待了不到一个月，我便带着行李“翻越校墙”跑去了深圳。

拥抱了更大的世界，我觉得以往任何时候的我都没有当下的我更自由，也没有哪一个地方比深圳更能盛下我的梦想。20 多岁的我，正值意气风发的年纪; 20 多岁的我，也正值被生活狠狠吊打的年纪。

来到深圳后我才发现，理想很丰满，现实很骨感。偌大的城市，繁华绚烂，我找了一份月薪 3800 元的工作，却不足以让我在这个城市生活下去。深圳的消费水平很高，一间很小的单间每月就要 3000 多元租金，更别说伙食费、通勤费了。我大致算了一下，在深圳生活的最低成本大概是每月 6000 元。在没有人脉、没有资源的情况下，我很难找到一份非常好的工作。

毕业后我发现，职场上热门专业的硕士生、博士生有很多，且很多公司需要的是能熟练使用办公软件的人，此时，学习美术专业的我，似乎没有竞争优势，我所学的专业在社会上也似乎毫无用处。

深圳梦碎。

找不到好工作，生活逐渐捉襟见肘、举步维艰，我对金钱的欲望变得空前强烈。

为了生计，我开始摆摊儿赚钱，卖玉镯、卖服装……可即便如此，我也从来没有想过回家，自己选择的路，跪着也要走完。

直到第三年，情况才有了一些好转。

我误打误撞进入一家国有物业管理公司，有了一个稳定的职位，得到了一份“铁饭碗”工作，终于不用再遭受生活的凄风冷雨，我也由此开始了 12 年职场生涯。

现在想来，屈原的诗句“路漫漫其修远兮，吾将上下而求索”还蛮贴合我的深圳漂泊之旅的。

机遇来临，我成了一名勇士

没有人的人生是一帆风顺的，自然，也没有人的人生是永远坎坷的。

在人生道路上的关键之处，总会出现一些能逆天改命的机遇。要勇敢地抓住它，胆子更大一些，步子更快一些，思想更开放一些。

也许正是在深圳的坚持，让我等来了人生逆袭的机遇。

在公司举办大型演讲比赛的时候，我报名参加了，并很快在一众老员工里脱颖而出。总经理看到了我独有的蓬勃朝气和敢于尝试的勇气，于是在比赛结束一周后，把我从一名小小的客服破格提升为能独挑大梁的项目经理，我的工资立刻翻了一番。

我开始在公司的公众号和内网里写文章，为公司做宣传，策划一些节日活动，比如在社区免费帮老人理发，帮老人、儿童谋福利等，我还得到了很多童装品牌、玩具品牌的赞助。慢慢地，我成了整个社区的红人，很多人甚至打电话到公司总部表扬我：“一伊人太好了，给我们带来了很多福利，你们要大力表扬她啊！”

我把一个排名垫底的项目做成了标杆项目，吸引了很多人来参观学习，而我的另一个机遇也在悄然降临。

领导发现了我在管理方面的天赋，于是把我派到了一个大项目里做项目经理，搭建了新的团队。我就这样开启了自己的辉煌生涯，也迎来了真正的职场挑战。

我去了一个将近 600 亩（1 亩 ≈ 667 平方米）的基地，团队需要更多人，光保洁人员就需要 20 多个。一时半会儿我也找不到合适的人，只能外聘。由于没有充分了解当地的情况，我与一家公司草率地签了约，没想到这给我们带来了灾难性的打击。

刚签完约，对方便表现出了极大的恶意，每天都来到基地办公室里，用最恶毒的话威胁我们，想把我们赶走，然后自己霸占这个项目。

场面完全失控，可谓冰火两重天。

刚 26 岁的我，本想一展拳脚做一番大事业，面对这样的情况，说实话我内心真的很害怕，可我不能后退，我身上有担子、有责任。我一心想把这件事情处理好，于是执意要求领导与对方解除合约，甚至以辞职相威胁。这一决定让领导因解约而赔了 15 万元，但结果是我们不仅拥有了自主权，还通过项目实现了盈利。

经历了这场磨难，我变成了一名勇士，在人生的战场上一往无前、无所畏惧。我很清晰地感知到，这是命运为我的生活插上的一双勇敢的翅膀，以后，我的人生之路必将是坦途。

靠近贵人，人生迎来华丽逆袭

在领导不断对我赏识提拔的过程中，我明白了一个深刻的道理:靠近贵人，人生可能迎来华丽逆袭。

我靠一腔孤勇，凭借一股韧劲，在职场混得风生水起——带过上百人的团队，薪资涨了 10 多倍。可职位越高，我越感受到能量被消耗，于是我选择了“裸辞”。

接下来的人生，我想要向外求索，让自己变得更好。

我接连去了上海、苏州、南京等城市，学习了国际礼仪、生涯规划、教练领导力等很多课程。直到 2015 年，我学习了视觉引导，这激发了我浓厚的艺术兴趣和新奇的创意，我每天投入 3 小时进行练习，并用这个技能服务了上百家企业。

学成后，我先后参与了多本畅销书的视觉创作——剽悍一只猫，《一年顶十年》的精华 PPT 作者；张萌，《让你的时间更有价值》的插画师；杨天真，《把自己当回事儿》的思维导图作者；张凯毅，《你不普通》的插画师。

赚到了人生的第一桶金，我也尝到了打造个人品牌的甜头。

回头想来，过去那个手无寸铁、无依无靠的小姑娘，凭借什么能逆风翻盘，活得潇洒且自由？我总结了 9 个字——勇气是最重要的才华。唯有勇气，才能带来翻越千山万水的自信；唯有勇气，才是创业路上最重要的才华。把这句话用在各行各业，都是屡试不爽的锦囊妙计。

紧接着，我付费 30 万元成为剽悍一只猫的“亲学生”，一年内与 50 位各行各业的牛人对谈，我的高光时刻也很快降临——

1. 成为一些行业牛人的商业顾问。

2. 为众多知名 IP 的里程碑事件操盘，累计业绩达数千万元。

3. 累计培养了 100 多名操盘手。

越来越多的人邀请我为项目操盘，我也全心全意地帮助别人。在帮人成事的过程中，我成了一名真正的行业操盘手。

见过足够多的商业模式，了解了足够多的成功案例，我看到了人生更多的可能性，也明白了商业的核心奥义——你的一切皆为优势，你的一切努力中皆藏着机遇。

我孤军奋战，练就了一种能对抗时间流逝、对抗各种赛道变化的能力，并让这种能力成为我的人生护城河。

加足马力的人生从来都不会太差，因为我始终遵循十六字箴言—— 一伊出品，必属精品；名气不大，总能成事。

帮人渡人，一灯照亮万灯皆明

拥有今天的成就，你知道我感触最深的一句话是什么吗？

“为人只有先帮人，处世才有人帮己。”

成为里程碑事件操盘手，帮助几十位牛人不断突破营收额，这些是我在帮人。越帮人，我的战绩越好；越帮人，我在行业内的核心竞争力越强；越帮人，能帮助我的人越多。

2020 年，在我推出第一期个人品牌课程时，我的贵人们对我帮助甚多——李菁帮我推荐了 20 多个学员，王子冯帮我推荐了 10 多个学员，赵冰帮我推荐了 10 多个学员。在他们的帮助下，我的第一期课程学员达到了 100 多人。

我也慢慢领悟到剽悍一只猫的商业智慧——以一灯传诸灯，终至万灯皆明。

我开始作为一名老师带领私教学员把自己的一身本领传授出

去，帮助更多的人成为操盘手，帮助更多人打造可持续变现的高价值 IP，帮助个人品牌彻底解决没产品、不敢卖、不会卖、卖不多、卖不贵的痛点问题。

我笃定，个人品牌是未来 20 年最重要的资产之一，不论时代如何变化，它永远在增值。

迄今为止，培养操盘手的私教班，我已经开到第三期，让 100 个以上的操盘手实现了人生质的飞跃。

在一次次深度实战并拿到结果的过程中，我成为很多人背后的操盘手。在商业道路上，我从来不求快，而是求稳、求长远、求共赢，用“三求”心态稳健扎根于个人品牌打造，成就更多人。

很多人曾问我：一伊，你为 IP 操盘大事件，时间紧、任务重，为什么还能做一个成一个，帮他们快速“出圈”？

对于这个问题，我想，我的成事心法有三条：

第一，把别人看得和自己同样重要，场场操盘，场场倾力。
第二，苦练基本功，每天“挥刀 500 下”，超值交付，超额完成。
第三，始终坚持踏踏实实做人，认认真真做事。

随着成功案例不断增多，我的人生使命也愈加清晰——成为一盏灯，照亮更多灯。

我深知在黑夜里迷茫摸索的无助和渴望成功的急切，我也深知当有一缕微光照进来时那种如获新生般的惊喜多么治愈人心。

曾经我是被笼罩在黑夜里的你，现在我想成为一盏能照亮你的灯，予你以微光，予你以美好，予你以面对人生的自信和勇气，诚如我在 1000 多个日夜里全心全意托举别人、帮人成事的理念和行动。

做一盏灯，帮人渡人，成人达己，这不只是商业的底层逻辑，更是为人处世的顶层智慧。

穿行于商业的道路上，很像观山水——起初看山不是山，看水不是水；而最终看山还是山，看水还是水。商业从来不是偷奸耍滑，找寻人性漏洞；而是顺应时代和人性，做有德有道之事。

有了德，人气就来了；有了道，财气就来了。

写下此书，助力想要实现“百万发售”的你

读到这里，相信你一定对我的操盘手发展历程和个人故事有了更多的了解。感谢发售这个核心技能，它让我在拥抱不确定的时代更有底气；感谢发售的核心心法，它让我一路走来总能遇到师长和贵人。

特别感谢我的恩师剽悍一只猫，感谢“剽悍江湖”这个高能、正向的圈子，感谢我在剽悍通透私塾的同学们，感谢我的所有私教学员，感谢所有信任我的盟友和用户，感谢本书的顾问秦阳、编辑滕滕，感谢我的团队成员。

感谢我的母亲、家人在背后给了我强有力的支持。

亲爱的朋友，世界总会悄悄奖励那些努力的人，宁愿慢一点儿，也要稳一点儿。愿这本书带给你财富力、自信力、创新力。

发售操盘，我们顶峰相见。

感谢名单

（排名不分先后）

剽悍一只猫　秦　阳　滕　滕　侯世霞　侯小强　李海峰
肖厂长　赵　冰　奕　晴　孙小米　洛　柒　李　静　娜一姐
陆静丹　王子冯　李赛男　曾雨悦　曾丽娴　猪先生　吴赵常慧
李超满　游　侠　高太爷　方子静　晴　山　甘群妃　袁一芳
易　兴　孟慧歌　孔　蓓　朱秋融　心　然　彭　芳　郑　烁
星　玥　丹老板　朱　玲　释予欣　周　震　宴　儿　思莉校长
李开心　海　浪　小　瑞　周　涓　张学怡　李　玲　婷　宝
丁　丁　宋海真　阳一冰　玉　琳　燕飞娜　张缘起　姜西贝
圣　捷　老　于　章今爱　李明桂　李赋一　杰　西　Jessie
旺　田　李妙瑞　娜　姐　薇　安　邹子阳　王　茹　盛　莉
罗寻真　李　菁　周剑铨　阿汝娜　林蔷七　方烟雨　一　休
许　露　李小月　秦小鱼　金雨麒　晓　雁　吴新星　婉莹小姐姐
阿　洁　陆　娴　小　彤　叮　当　蒋　会　王立军　waiting
李渊源　镜　子　盛大白　岑玉燕　阳　羊　金　金　张　博
弗兰克　娜　姐　鲸　儿　王　晴　娟　子　丹　丽　汪沛兰
马语择　孙奇俏　吴海燕　崔　伟　米　瑟
以及正在看此书的你……